PRIMERO SUEÑO
Y OTROS POEMAS ASTÉRICOS
~ Antología de poesía uránica ~

SOR JUANA INÉS DE LA CRUZ

Selección, edición, y notas, por
Omar de la Cadena

Colección
AQUA VIVA

SERPIENTE EMPLUMADA
~ Editorial ~
¡Constrúyete a ti mismo!
EST. 2014

ÍNDICE

Advertencia a quien leyere (y cuestionare) este rosario (o florilegio) de rosas eternas

¡Oigan un misterio que,
aunque no es de fe, se cree!
Verdad es, en mi conciencia;
que para mí es evidencia,
y la evidencia no es fe.

"A la Sagrada Concepción de María"
SOR JUANA INÉS DE LA CRUZ

evoto lector, o piadosa lectora: estos poemas exigen más paciencia de la que pudiste haberle dedicado a cualquier otro en tu vida. El barroquismo de su expresión y el alcance de sus ideas los hace doblemente difíciles de comprender y, debido a esto, doblemente sublimes. Por este motivo, deberás leerlos más de dos veces. La primera, por su estilo; la segunda, por su contenido; y la tercera, por placer.

Su estilo es difícil, por el uso de diversas figuras retóricas; siendo la anástrofe o secuencia inusual de las palabras, la histerología o trasposición del orden de ideas, y el paréntesis o interposición de frases, las más demandantes de ellas. Quizá para cumplir con la métrica y la música en sus versos, o para imitar la sintaxis latina, o para exponer algo de manera distinta, o todo a la vez, con el uso de la *navaja suiza* del hipérbaton.

Así mismo, su contenido es complejo, por el entrecruzamiento de los conceptos y materias que desarrolla; siendo la simbología cristiana la más apremiante, a pesar de sus constantes referencias eruditas sobre símbolos y personajes griegos y egipcios. Seguramente para dar un trasfondo a los emblemas cristianos que utiliza, tan solo para reafirmar sus piadosas ideas de carácter cosmogónico.

El premio que obtendrás con su lectura será, en cada caso, el entendimiento de varias ideas de manera profunda sobre la astronomía cristiana; además de la comprensión de la importancia de una imagen devocional, que sor Juana desarrolló por medio de varias reflexiones teológicas y astronómicas de la representación literaria del *Signum magnum*: María, la Virgen Madre, ascendida en el cielo como un asterismo o conjunción de estrellas; y del *Aliud Signum*: Satanás, como una sombra voraz en la forma de un Dragón o Serpiente antigua.

Dicho esto, debo aclarar que otros autores de nuestra época no ignoraron este tema, al señalar varios aspectos de la astronomía religiosa de la monja jerónima; pero lo tocaron a penas, por lo alto o lo lejano que se encontraba de sus intereses y/o de sus posibilidades. Por ellos sabemos de algunas de las causas de su interés por los fenómenos astronómicos y, aún, de los astrológicos, pero sin entender por qué sor Juana levantó su mirada al cielo con una devoción y una finalidad de carácter teológico.

Al desoír las voces que han tratado de interpretarla, y enfocar la mirada en sus escritos y en las lecturas de sus contemporáneos, descubrimos cuál es el sentido religioso de la afición astronómica de sus propios textos y contextos de escritura pía. Ella no sólo quiere dar un testimonio de haber remontado la mirada hacia arriba para agradecer a Dios o para admirar eclipses y cometas como creaciones suyas, sino de que busca el asterismo mariano; o bien, una representación astronómica de la madre de El Salvador, redentor de todos los hombres, según está dispuesto en el relato judeocristiano sobre el triunfo de dios sobre el mundo.

Siguiendo la tradición mexicana de aplaudir y reprender por deber (que no de homenajear y profanar por querer), debo decir que otros autores han hecho una breve, vaga, y en ocasiones errónea mención de la relación de sor Juana con la astronomía y el padre Kino; la cual puede encontrarse en las notas críticas a la obra lírica y sacramental de sor Juana de Alfonso Méndez Plancarte; y, otro tanto, en las reediciones y correcciones de Antonio Alatorre, Elías Trabulse, Margo Glantz, Elena del Río, y Alejandro Soriano Vallès sobre *Primero sueño*; aunque de manera más detallada, sucede lo mismo en *Sor Juana Inés de la Cruz o las trampas de la fe* (FCE, 1982) de Octavio Paz.

Abundan lectores, comentaristas, e intérpretes de sor Juana; pero ninguno de ellos ha hablado de la forma piramidal que otorgó al *Signum magnum*: la Virgen María, durante su ascensión por la bóveda celeste; tampoco de otros "asterismos marianos" (el conjunto de estrellas que forman cada uno de sus retratos, que aparecen en *Primero sueño*), incluso de los "poemas astéricos" (las numerosas composiciones sobre grupos estelares), y mucho menos de la "poesía uránica" (la serie de poemas escritos por Urania, la novena musa y patrona de la astronomía).

Por estos motivos, y bajo estos conceptos que he acuñado y ahora suscribo entre comillas (o bajo las orejas de un par de conejos intelectuales), presento esta antología como un nuevo *corpus* de estudio y una nueva propuesta filológica, que permitirá una interpretación más teológica y menos hermética que las precedentes.

He aplicado estos conceptos en *Un cometa llamado Kino* (SE y Co, 2025) y en *Primero sueño, luego escribo* (SE y Co, 2026), un par de estudios de mi autoría. Ambas obras de investigación histórica-literaria tratan de subsanar este vacío de los estudios y reflexiones sobre el sentido profético-apocalíptico de los poemas astronómicos de sor Juana, sin excluir a varios autores de su época, que persiguieron el mismo fin.

A la manera de DJ de cantos sacros, o de un florista de rosas eternas, dejo otra constancia de la importancia que tuvo en la poesía uránica de sor Juana un asterismo piramidal (****) o imagen devocional compuesta de estrellas (¡que aún perdura en los relatos cristianos!): una mujer iluminada por el sol, cubierta por un manto celeste, coronada de doce estrellas, embarazada de El Salvador, con una luna menguante y un arcángel bajo sus pies; siendo el *Signum Magnum* que aparecerá en el cielo durante el Segundo Advenimiento y Juicio Final de la humanidad; aunque para algunos sea la imagen profética de quienes creen sin ver, y siga siendo para muchos la imagen poetica de quienes necesitan ver para creer. ⚡

Omar de la Cadena
28 de septiembre de 2025

PRIMERO SUEÑO
Y OTROS POEMAS ASTÉRICOS

Apareció en el cielo una gran señal: una
mujer vestida del sol, con la luna debajo de
sus pies, y sobre su cabeza una corona de
doce estrellas. Y estando encinta, clamaba
con dolores de parto, en la angustia del
alumbramiento.

Apocalipsis 12, 1-2

¡Aquella, se apareció en el Cielo; ésta, en la
Tierra! ¡Aquella, al primer apóstol de Asia;
y ésta, al apóstol primero de América!

"Dedicatoria al Ilustrísimo, y Reverendísimo Señor,
doctor, don Francisco de Aguiar y Seijas, &c."
Br. Gerónimo de Valladolid

A mi madre, María,
y a mi tía, Guadalupe:
dos nombres de una misma mujer

A mi padre, José Rosario,
por lo que su nombre significa:
un tropel de rosas encadenadas

A mis hijos-cometas,
en su paso por el mundo

A Q., Eva-Ave, anagrama pío y mío

POESIAS
LYRICAS.

PRIMERO SUEÑO,
QUE ASSI INTITULO, Y COMPUSO
LA MADRE JUANA INES DE LA CRUZ,

PRIMERO SUEÑO¹

IMITANDO A GONGORA.

Piramidal, funesta, de la tierra
  Nacida sombra, al Cielo encaminaba
De vanos obeliscos punta altiva,
Escalar pretendiendo las Estrellas;
Si bien, sus luzes bellas
Essemptas siempre, siempre rutilantes,
La tenebrosa guerra,
Que con negros vapores le intimaba
La pavorosa sombra fugitiva,
Burlaban tan distantes,
Que su atezado ceño
Al superior convexo aun no llegaba
De el Orbe de la Diosa,
Que tres vezes hermosa
Con tres hermosos rostros ser ostenta:

Que

---

¹ Esta es mi versión del poema publicado en *SEGVNDO VOLVMEN DE LAS OBRAS DE SOROR JVANA INES DE LA CRVZ, &c.* (1692), que corrige los errores y limitaciones de otras ediciones: primero, desde la aplicación de las reglas ortográficas, de acentuación, y de puntuación vigentes; y segundo, desde el sentido teológico en el que se escribió el poema la monja jerónima, para hacerlo más accesible a los lectores de hoy. Cuando no sigo a los editores precedentes, mis cambios se indicarán *in situ*, no sin hacer referencia a las ediciones canónicas que se hicieron de este poema, a partir de una revisión filológica del mismo.

SILVA.

Primero sueño, que así intituló, y compuso la madre Juana Inés de la Cruz, imitando a Góngora

Piramidal, funesta, de la tierra²

---

² La *pirámide funesta* a la que refiere sor Juana Inés de la Cruz en este verso es una *sombra fugitiva* que representa a Satanás, la serpiente antigua o dragón rojo del Apocalipsis. Su representación es, por lo tanto, distinta a la que hace el poeta madrileño don Gaspar Agustín de Lara en *Obelisco fúnebre, pirámide funesto*, un poema laudatorio publicado en 1684, en el que utiliza el primer término como sustantivo y el segundo como adjetivo. Si este es un epicedio, o canto elegiaco en octavas reales (por el uso de estrofas de ocho versos en endecasílabos), donde lamenta la muerte de don Pedro Calderón de la Barca a causa del Gran Cometa de 1680, que declaró de ominoso al dejar de verse tres meses antes de su muerte, el 25 de mayo de 1681; aquel es una epopeya, o canto celebratorio en silvas arromanzadas (por el uso de rima ocasional en versos pares de las estrofas con versos endecasílabos y heptasílabos), donde celebra el avistamiento del *Signum magnum* o Virgen María con la llegada del Gran Cometa de 1680, absolviéndolo de ominoso. Sobre lo primero, véase a Lara, Gaspar Agustín de. 1684. *OBELISCO FUNEBRE, PIRAMIDE FUNESTO QUE CONSTRVIA, A la Inmortal memoria D. PEDRO Calderon de la Barca, Cavallero del Avito de Santiago, Capellan de Honor de ſu Mageſtad, y de su Real Capilla de los Señores Reyes Nuevos de la Santa Iglesia de Toledo. D. GASPAR AGUSTIN DE LARA Conſagrase, A La Imperial y Coronada Villa de Madrid, Corte del Mayor de los Monarcas, Emperador de dos Mundos, Don Carlos Segundo de Auſtria, Rey de Eſpaña. En su Iluſtriſsimo, y Nobliſsimo Ayuntamiento. Madrid: Evgenio Rodriguezinfra*, p. 49. Sobre lo segundo, véase en el poema original, o en el apartado "De la analogía como eje de sus imágenes retóricas", descifrado en mi libro *Primero sueño, luego escribo* (SEyCo, 2026).

5

nacida sombra, al cielo encaminaba[3]
de vanos obeliscos punta altiva,[4]

---

[3] En la estrofa inicial, sor Juana Inés de la Cruz hace una representación geométrica de un fenómeno astrofísico, al describir la *sombra piramidal* que aparece en el lado opuesto del planeta tierra cuando la ilumina el Sol-Dios. Esta metáfora maestra es idéntica a la que utilizó otro autor de su época en un tratado astronómico muy conocido, pero poco leído; en la que no dejó de utilizar otra más exacta: la forma cónica de la sombra del mundo. Me refiero al padre jesuita, Eusebio Francisco Kino: cartógrafo y cosmógrafo real de la América Septentrional, bajo el dominio del rey, Carlos II, y del virrey, Tomás de la Cerda. La monja jerónima conoció y retrató a este singular personaje en una silva heterónima; y también lo leyó y aplaudió en un soneto ortónimo (aunque su conocimiento de ambos –del tratado y de su autor– sea puesto en duda por varios y varias sorjuanistas). Aquí debe afirmarse que también lo imitó; tal y como se demuestra con el siguiente fragmento: "[L]a sombra de la punta cónica o piramidal del globo terráqueo se extendía a la parte… opuesta al sol". Sobre esto último, véase a Kino, Eusebio Francisco. 1681. *EXPOSICION ASTRONOMICA DEL COMETA, Que el año de 1680. por los meses de Noviembre, y Diziembre, y este Año de 1681. por los meses de Enero y Febrero, se ha visto en todo el mundo, y le ha observado en la Ciudad de Cádiz*. México: Francisco Rodriguez Lupercio, f. 17 v, *et passim*. Sobre otras imitaciones de sor Juana a las figuras retóricas que utilizó el padre Kino en sus descripciones astronómicas, véase a Cadena, Omar de la. 2025. *Un cometa llamado Kino*. México: SEyCo, p. 41. Sobre un tópico que, a partir del padre Kino, imitan sor Juana y don Carlos de Sigüenza y Góngora hacia 1683, véase *infra*, nota 51, en esta antología.

[4] En la imaginería egipcia, los obeliscos son representaciones geométricas y pétreas de los rayos; aunque el significado de la parte superior de estos, el "piramidión", refiera al fuego (de *pyr*, de origen griego). Dentro de las prácticas cristianas, el obelisco es reemplazado por las antorchas; dado que se encuentran a los cuatro costados de los restos funerarios, al ser los guías o protectores del alma durante su ascenso hacia su descanso eterno en el cielo. En este sentido lo utiliza sor Juana, y un autor precedente, don Gaspar Agustín de Lara; que puede verse, a partir de una metáfora compuesta de dos sustantivos: "Obelisco Antorcha", y de una lámpara de aceite del árbol de Minerva: "La de los Campos Especiosa Oliva/ Pacifico deleyte de Minerva,/ Verde esplendor, frodosa Antorcha viva/ Que al mundo de tinieblas reserva:/ es la Paz silenciosa, que Votiva/ los estruendos marciales no conserva". Sobre esto, véase a Lara, Gaspar Agustín de. 1684. *OBELISCO FUNEBRE, PIRAMIDE FUNESTO, &c, pp.*

escalar pretendiendo las estrellas;[5]
5   si bien, sus luces bellas
     exceptas siempre, siempre rutilantes,
     la tenebrosa guerra,[6]

XLVII y 82, respectivamente; sobre aquello, véase a RAE. 1914. *Diccionario de la Lengua Castellana de la Real Academia Española*. Madrid: Imprenta de los sucesores de Hernando, p. 47.

[5] En sentido literal, se refiere a una sombra que se proyecta más allá de la Tierra, cuando la luz solar es bloqueada por ella. En sentido figurado, se trata de una sombra vaporosa, tenebrosa, y funesta, con la forma de una pirámide escalonada, que pretende alcanzar las estrellas y ser el medio para que otros escalen por ella. Está acompañada de obeliscos de punta altiva, que también representan todo lo maligno o de lo falto de luz que se encuentra en la representación cristiana de la Serpiente antigua y sus huestes, siendo una alusión a quienes lucharán contra el bien dentro de la bóveda celeste en el relato cristiano del Apocalipsis (sobre este punto, véase la siguiente nota). A pesar de la existencia de ruinosas pirámides mexicas y griegas en su tiempo y contexto cultural, la *sombra piramidal* es un tropo literario que sor Juana utiliza para representar geométricamente (y, a través de esta figura, herméticamente) dos fenómenos astronómicos y teológicos distintos: la pirámide de sombra con la que representa al Diablo y lo maligno; y la pirámide de luz con la que representa a la Virgen María y lo benigno. Ambos fenómenos fueron descritos previamente por el padre Kino a partir de la sombra piramidal o cónica de la tierra (en la figura del *Aliud signum* o *Draco magnus*), y de la luz piramidal o cónica del cometa de 1680 (en la figura del *Signum magnum* o *Aquilae magnae*), en varios folios de su tratado astronómico. Con esto último, afirmo que *Primero sueño* es la versión versificada, parafraseada, y sintetizada de *Exposición astronómica del cometa* del padre Eusebio Francisco Kino; dado que la monja jerónima recurre a varios símbolos religiosos y figuras retóricas que fueron utilizados previamente por el padre jesuita; siendo un modelo científico-místico para renovar las representaciones marianas y enriquecer la mariofanía (o mariomanía) del siglo XVII en la Nueva España.

[6] Como se mencionó en la nota anterior, sor Juana representa de manera directa e indirecta una escena de la lucha del bien contra el mal, con base en las Revelaciones de san Juan. En sus descripciones, la guerra celeste sucede cuando un cometa o Virgen María se encuentra la sombra piramidal o Serpiente antigua (símbolo de Satán o Diablo), tal y como aparece en Apocalipsis 12, 3-4: "También apareció otra señal en el cielo: he aquí un gran dragón escarlata, que tenía siete cabezas y diez cuernos, y

7

que con negros vapores le intimaba
la vaporosa sombra fugitiva,[7]
10   burlaban tan distantes
que su atezado ceño
al superior convexo aún no llegaba[8]

---

en su cabeza siete diademas;/ y su cola arrastraba la tercera parte de las
estrellas del cielo, y las arrojó sobre la tierra. Y el dragón se paró frente
a la mujer que estaba para dar a luz, a fin de devorar a su hijo tan pronto
como naciese". Esta es una explicación teológica de fenómenos astronó-
micos pasados y/o futuros, con los que se ha pretendido dar noticia del
fin del mundo conocido. No obstante, el padre Eusebio hace varias citas
de autoridad para decir que los cometas son peregrinos y funestos men-
sajeros. Con un verso de *Elegías* de Albio Tibulo, relaciona a los cometas
con la guerra: "*Belli mala signa Cometes*: Que el cometa es sañudo indi-
cio de sangrientas batallas". Véase a Kino, Eusebio Francisco. 1681. *EX-
POSICION ASTRONOMICA DEL COMETA, &c.*, f. 22 v; y a Catulo, y Ti-
bulo.1993. *Poemas. Elegías.* Madrid: Gredos, p. 333.
   [7] Para el siglo XVII, la atmósfera de los cuerpos celestes estaba consti-
tuida de la siguiente manera –según dice el padre Kino, a través del po-
límata Atanacio Kirchner–: "Supuesto de los cuerpos del universo, no
menos que el terreno de tal modo los continuó la naturaleza, que conti-
nuamente destellan de sí unas como vaporosas, y delicadas superfluida-
des, conforme al cuerpo, que las despide, ora sean vaporosas respiracio-
nes, o cálidos espíritus, y secas exhalaciones, a quienes como eructadas,
y humeadas de todo ámbito, o circuito de la superficie". Véase en Kino,
Eusebio Francisco. 1681. *EXPOSICION ASTRONOMICA DEL COMETA,
&c..*, f. 16 r.
   [8] En este verso, sor Juana alude al paso nocturno de la Virgen María,
madre de Dios, a través de la luz piramidal que crea el sol al proyectarse
sobre un cuerpo celeste. Esta interpretación es menos literal y hermética,
aunque no menos oscura; ya que es más figurada y teológica, con base a
la gran producción de poemas sacros (glosas, octavas, sonetos, y villan-
cicos) en torno a la ascensión de María, la Virgen Inmaculada, y madre
de Jesucristo. También, con base a la producción de uno de los autores
que refieren este tipo de fenómenos físicos, que es el precedente más
directo de esta imagen se encuentra en la analogía de la cauda de un co-
meta, señal funesta para los impíos, con la Virgen María de Guadalupe
en primer plano, que dispuso en su tratado astronómico el padre Kino.
Véase en Kino, Eusebio Francisco. 1681. *EXPOSICION ASTRONOMICA
DEL COMETA, &c..*, f. 17 r, *et passim*. Una descripción y explicación

del orbe de la Diosa,
que tres veces hermosa
15 con tres hermosos rostros ser ostenta,[9]
quedando sólo dueña[10]
del aire, que empañaba
con el aliento denso, que exhalaba;[11]
y en la quietud contenta
20 de imperio silencioso,
suministras sólo voces consentía
de las nocturnas aves,
tan obscuras, tan graves,[12]

---

más detallada de esto, podrá encontrarse en *Primero sueño, luego escribo* (SEyCo, 2026) de mi autoría.

[9] Se refiere a la hermosura de los tres rostros "del orbe de la Diosa", en alusión a las fases de la luna; sea nueva, llena, o parcial (sea menguante o creciente). El padre Eusebio habla de unidad en la diversidad de los fenómenos, cuando señala que no tenemos cada mes "distintas lunas", "sino la única, que Dios crio, con diversa faz y aspecto", "al acabarse los cuernos al Ocaso, al crecer las hoces al Oriente; así también, y por la misma razón se convence que fue uno sólo el cometa". Véase en Kino, Eusebio Francisco. 1681. *EXPOSICIÓN ASTRONÓMICA DEL COMETA, &c..*, f. 3 r y 3 v.

[10] A pesar de que esta última palabra aparece en todas las ediciones en masculino, y no hay sujeto en este género en las primeras estrofas. Por este motivo he decidido cambiarla, al creer que sor Juana se refiere a la "nacida sombra" o "vaporosa sombra", que es el nombre que da en femenino al mismo personaje o al mismo fenómeno astrofísico referido.

[11] Como se indica en la nota 5, pero ahora en la voz del padre Eusebio, la tierra y otros cuerpos celestes como los cometas, están ceñidos por sus fenómenos atmosféricos. De tal manera que, para el padre Eusebio, el cometa de 1680 estaba "rodeado por todas partes destos sus vapores, exhalaciones, y redundancias, como de un grueso, y denso humo" (f. 16 r), o "fue tan desusadamente grande, que tocó con sus exhalaciones, o hálitos la superficie de la tierra" (f. 21 r).

[12] Las aves nocturnas han sido el anuncio de sucesos funestos en la religión y literatura occidental por más de cuatros milenios. Sor Juana adopta este tópico, al mencionar a las aves nocturnas en general, en esta primera estrofa, y a Nictímene, la mujer transformada en lechuza (según la mitología romana), en la siguiente estrofa; de manera similar a la que dispuso el padre Eusebio en su tratado astronómico. Además, este autor

que aún el silencio no se interrumpía.[13]

---

equipara la función de los pájaros nocturnos con la de los cometas caudados, al ser signos funestos de sucesos futuros; siendo, ambos, medios para acrecentar el temor a Dios, al ser utilizados por los paganos como instrumentos predictivos, y por los cristianos como medios proféticos. Al citar el libro *De la adivinación* de Cicerón, el jesuita adopta una postura mixta que reconoce por una parte la irracionalidad de las creencias, y por la otra su importancia en racionalidad de sus dogmas religiosos, que se obtienen a través del "vuelo de las aves más ainas hacia esta, que aquella parte del cielo, cualquier inopinado aullido de las fieras, canto de las aves, o gemido de los búhos, y semejantes aves nocturnas, y otros seiscientos agüeros, sino son más, que le dará al curioso, que los quiere saber". Véase en Kino, Eusebio Francisco. 1681. *EXPOSICIÓN ASTRONÓMICA DEL COMETA, &c..*, f. 24 v.

[13] El silencio terrestre es similar al celeste, porque el canto compuesto por el trinar de las aves es comparable al canto compuesto por el titilar de las estrellas. El diálogo entre los sucesos celestes, inaudibles (pero visibles) y los terrestres, audibles (pero invisibles), en esta primera estrofa, es otro ejemplo de concepción binaria de la realidad; porque estas imágenes contrapuestas se encuentran representadas dentro de una pirámide de sombra y otra de luz. En el discurso astronómico del padre Eusebio Francisco Kino, ambas figuras surgen con la llegada de un cometa de forma piramidal hacia el lado oscuro de la tierra. Dentro del discurso hermético del padre Atanasius Kirchner, esta imagen se cumple en un jeroglifo egipcio: "Hieroglyphicum generationis & corruptionis rerum", donde encontramos una pirámide recta de generación o de luminosidad, y una inversa de corrupción o de tiniebla. Sobre esto último, véase a Kircheri, Athanasii. 1653. *Oedipi Aegyptiaci. T II. Pars altera Cmplectens Sex Poſteriores Claſſes. Felicibus Auſpicijs Ferdinandi III, Caesaris.* Romae, Ex Typographia Vitalis Maſcardi, Anno MDCLIII, p. 100. Octavio Paz, que desconoce la obra astronómica del padre Kino y que no vio una representación mariana en este poema astérico, sigue la perspectiva hermética de Kircher, llegando a la mitad y no a la totalidad del sentido religioso de sor Juana. Incluso, tergiversa el sentido dado a todo lo mundano, cuando dispone que las pirámides terrestres representan a la luz (versos 340-412), cuando la pirámide de luz se encuentra más adelante (versos 435-493), en la imagen de la "Reina soberana". Apoyo esta conjetura, incluso, a partir de quien cita y malinterpreta Paz, porque Karl Vossler dispone dentro de lo mundano a la pirámide material y lo trasmundano a la pirámide espiritual: "Estos edificios fabulosos y la torre de Babilonia, cuyo testimonio es, todavía hoy en día, la confusión de las lenguas, serían sólo grados inferiores en comparación con la pirámide

25 Con tardo vuelo, y canto, del oído
     mal, y aún peor del ánimo admitido,
     la avergonzada Nictímene[14] asecha
     de las sagradas puertas los resquicios,
     o de las claraboyas eminentes
30 los huecos más propicios,
     que capaz a su intento le abren brechas,
     y sacrílega llega a los lucientes
     faroles sacros de perenne llama,[15]

---

espiritual, a cuya cúspide el alma se ve trasplantada, no se sabe cómo, por qué se cierne encima de sí misma, zambulléndose asombrada y orgullosa, en nuevas regiones; y dirigiendo la mirada espiritual, que todo lo penetra, libremente sobre la creación, cuyos tropeles hormigueantes se manifiestan al ojo, mas no al entendimiento que, intimado por la fuerza de las cosas, retrocede, mientras la mirada audaz no se deja limitar; se atreve a contemplar el sol y se hunde en sus propias lágrimas". Véase a Vossler, Karl. 1936. "La décima musa de México: sor Juana Inés de la Cruz". *Revista de la Universidad de México*, 9, p. 20. Sobre esto y aquello, véase a Paz, Octavio. 1994. *Sor Juana Inés de la Cruz o las trampas de la fe*. Obras completas del autor. T. 5. México: FCE, p. 444.
[14] Conocida como "la profanadora", por ultrajar el lecho de su padre, el rey de Lesbos, Nictímene fue transformada en lechuza como castigo, según la mitología romana. Véase a Publio Ovidio Nason. 1982. *Las Metamorfosis*. Edición bilingüe. Barcelona: Editorial Bruguera, p. 47.
[15] Sor Juana compara a Nictímene, transfigurada en una lechuza (el ave esquiva, nocturna y sagrada, según la mitología romana), con la Virgen María, transfigurada en el Águila magna (el ave celeste, diurna, y sagrada, según la mitología cristiana). Con este y otros paralelismos, sor Juana disfraza con este nombre el tema y el personaje principal de su poesía uránica cristiana: a la sabia, piadosa, y paciente, Virgen María de Guadalupe. Ovidio se refiere a Nictímene como "la regia virgen" y "la ave de la noche", porque hace vigilia de noche; y sor Juana se refiere a María como "Regia majestad" y "la Astrónoma Grande", porque es su patrona y vigía de las estrellas. Otra semejanza, no tan afortunada, es el hecho de que Nictímene que yació con su propio padre, sin que se mencione un hijo como producto de esta relación incestuosa; porque María tiene un hijo de su padre, el Dios de los judíos, aunque de manera inmaculada. Sobre los epítetos a Nictímene, véase a Publio Ovidio Nason. 1982. *Las Metamorfosis*. Edición bilingüe. Barcelona: Editorial Bruguera, p. 47; sobre los epítetos a María, véase a Cruz, sor Juana Inés de.

35   que extingue, si no infama,
en licor claro la materia crasa[16]
confundiendo, que el árbol de Minerva
de su fruto, de prensas agravado,
congojoso sudó, y rindió forzado.[17]

40   Y aquellas que su casa
campo vieron volver, sus telas hierva,
a la deidad de Baco inobedientes,
ya no historias contando diferentes,
en forma sí afrentosa transformadas,
segunda forman niebla,

1952. *Obras completas de sor Juana Inés de la Cruz. II. Villancicos y letras sacras.* México: FCE, p. 65 y 96.

[16] Se obtienen dos resultados de la prensa de la oliva: la "materia crasa" o pasta de la aceituna, y el "licor claro" o la grasa de la aceituna. Este es un gran tema en sor Juana que, en *Neptuno alegórico*, dedica unas palabras a la "Gran madre" que "verde produce oliva, que adornada/ de pacíficas señas, y agravada/ en su fruto de aquel licor precioso,/ que es Apolo nocturno al estudioso". Véase a Cruz, sor Juana Inés de la. 1689. *INVNDACION CASTALIDA, &c.*, p. 326.

[17] Minerva es la diosa romana de la inteligencia, bienaventuranza, y de la guerra contra el mal, en varios de sus relatos mitológicos. Su ave totémica es la corneja o lechuza, como un símbolo de inteligencia; el olivo es su árbol espiritual, por la luz que genera el aceite de sus lámparas; y el dragón es uno de sus enemigos planetarios. Este personaje de la mitología romana contiene varias características con las que ha sido descrita la Virgen María en los relatos de la mitología cristiana: el par de alas de águila que recibe María; el uso del aceite olivo para iluminar y uncir; y su lucha estelar contra el dragón. Por estos motivos, este personaje romano es otro nombre o apelativo al que recurrió sor Juana para referirse a la Virgen María. Sobre el vínculo de la oliva con Minerva, véase a Cruz, sor Juana Inés de la. 2020. *Neptuno alegórico*. Guanajuato: Universidad de Guanajuato, p. 100; sobre el vínculo de Minerva con la Virgen María, véase a Cruz, sor Juana Inés de. 1952. *Obras completas de sor Juana Inés de la Cruz. II. Villancicos y letras sacras.* México: FCE, p. 240; y sobre Minerva y "belicosa virgen" de Minerva, véase a Publio Ovidio Nason. 1982. *Las Metamorfosis.* Barcelona: Editorial Bruguera, p. 85.

45 ser vistas, aun temiendo en la tiniebla,
  aves sin plumas aladas:
  aquellas tres oficiosas, digo,
  atrevidas hermanas,
  que el tremendo castigo
50 de desnudas les dio pardas membranas
  alas, tan mal dispuestas,
  que escarnio son aún de las más funestas;

  éstas, con el parlero
  ministro de Plutón un tiempo, ahora
55 supersticioso indicio el agorero,
  solos la no canora
  componían capilla pavorosa,
  máximas negras, longos entonando,
  y pausas, más que voces, esperando
60 a la torpe mensura perezosa
  de mayor proporción tal vez, que el viento
  con flemático echaba movimiento
  de tan tardo compás, tan detenido,
  que en medio se quedó tal vez dormido.

65 Este, pues, triste son intercadente
  de la alfombrada turba temerosa,
  menos a la atención solicitada
  que al sueño persuadía;
  antes sí, lentamente,
70 su obtusa consonancia espacïosa
  al sosiego inducía
  y al reposo los miembros convidaba
  —el silencio intimando a los vivientes,
  uno y otro sellando labio oscuro
75 con indicante dedo,
  Harpócrates, la noche, silencioso;[18]

---

[18] Esta es una écfrasis escultórica o una descripción de una estatuilla de

a cuyo, aunque no duro,
si bien imperïoso
precepto, todos fueron obedientes–.

80   El viento sosegado, el can dormido,
éste yace, aquel quedo
los átomos no mueve,
con el susurro hacer temiendo leve,
aunque poco, sacrílego rüido,
85   violador del silencio sosegado.

El mar, no ya alterado,
ni aun la instable mecía
cerúlea cuna donde el Sol dormía;[19]

---

un Dios-niño con el dedo índice sobre sus labios. Se trata de la versión
helenizada de Horus, un personaje de la mitología egipcia, que los grie-
gos adoptaron bajo ese nombre como el guardián del silencio: "Véase su
estatua en la mayor parte de los templos; lo que según Plutarco signifi-
caba, que es necesario honrar a los dioses con el silencio; y que los hom-
bres cuyos conocimientos son imperfectos no deben hablar sino con res-
peto". Véase a B. G. P. *Diccionario Universal de Mitología o de Fábula.*
Tomo II. Barcelona: Imprenta de José Taulo, pp. 12-13.
[19] El tópico del vientre o cuerpo de María como la casa mortal de Jesús,
es simple y hasta obvio, dentro de la retórica cristiana; siendo el más
complejo y hasta dudoso, el uso analógico de "cuna" o "mansión" (aun-
que también "patria", "templo" o "iglesia"). No obstante, todos son con-
siderados como un recinto espiritual de Dios. La idea de una cuna celeste
e inmóvil está al servicio de una imagen retórica menos frecuente, a par-
tir del símil de una barca de piedra (o isla quieta) sobre un mar en calma,
en medio de un mar-océano inmenso. Sólo que estas aguas se han vuelto
un manto celeste, una superficie sobre la que se reflejan el cosmos: un
espacio lleno de estrellas. Esta lectura permite comprender el alcance de
esta transfiguración retórica que Sor Juana utiliza para pintar de nuevo a
la Virgen María (de Guadalupe), a través de referencias paganas; ya que
utiliza el mito de Delos, *la isla peregrina* (según la mitología grecola-
tina) para significarla; debido a que esta mujer transfigurada en una isla
será la cuna, tembló y santuario de Apolo, el hijo del Sol. Esta referencia
surge hacia 1683, en los requisitos del "Certamen tercero" que ofreció la
Real y Pontificia Universidad de México para escribir glosas, octavas y

y los dormidos, siempre mudos, peces,
90   en los lechos lamosos
de sus oscuros senos cavernosos,
mudos eran dos veces;[20]
y entre ellos, la engañosa encantadora
Alcione, a los que antes
95   en peces transformó, simples amantes,
transformada también, vengaba ahora.

En los del monte senos escondidos,
cóncavos de peñascos mal formados
–de su aspereza menos defendidos
100   que de su oscuridad asegurados–,
cuya mansión sombría
ser puede noche en la mitad del día,
incógnita aún al cierto
montaraz pie del cazador experto[21]
105   –depuesta la fiereza
de unos, y de otros el temor depuesto–
yacía el vulgo bruto,
a la Naturaleza
el de su potestad pagando impuesto,

---

sonetos en honor a la Inmaculada Virgen María, a partir de su semejanza con los ritos paganos de Asteria-Delos: "Delos por patria de Apolo no se tiñe con mancha impura, y MARÍA Santísima por Madre del Divino Sol, no se oscurece con la mancha primera". A partir de unos versos de Virgilio, don Carlos de Sigüenza y Góngora, entre otros poetas, se refieren a la cuna que es Delos-María y a Apolo-Jesús, hijos de Zeus-Dios. Sobre esto y aquello, véase a don Sigüenza y Góngora, Carlos. 1683. *TRINUFO PARTHENICO, &c., f. 65 v.*

[20] Este verso es un circunloquio que quiere hacer patente el silencio de quienes son mecidos en las aguas del sueño; siendo estos los hijos de Neptuno y él mismo. Se funda en una frase latina: *pisce taciturnior*, que significa "más callado que un pez". Véase a Cruz, sor Juana Inés de la. 2020. *Neptuno alegórico*. Guanajuato: Universidad de Guanajuato, p. 52.

[21] Al parecer es una descripción astronómica de la constelación de Sagitario.

110 universal tributo;
     y el rey, que vigilancias afectaba,
     aun con abiertos ojos no velaba.²²

     El de sus mismos perros acosado,
     monarca en otro tiempo esclarecido,
115 tímido ya venado,
     con vigilante oído,
     del sosegado ambiente
     al menor perceptible movimiento
     que los átomos muda,
120 la oreja alterna aguda
     y el leve rumor siente
     que aun lo altera dormido.
     Y en la quietud del nido,
     que de brozas y lodo instable hamaca
125 formó en la más opaca
     parte del árbol, duerme recogida
     la leve turba, descansando el viento
     del que le corta, alado movimiento.

     De Júpiter el ave generosa
130 –como al fin reina–, por no darse entera
     al descanso, que vicio considera
     si de preciso pasa, cuidadosa
     de no incurrir de omisa en el exceso,

---

²² El rey que duerme con los ojos abiertos es el león. Así lo indica Isidoro de Sevilla: "Cuando se entregan al sueño, mantienen los ojos vigilantes." En *Le Bestiaire* (s. XIII), Philippe Thaün dice lo mismo y aún más: "[T]al es su índole que duerme con los ojos abiertos". No obstante, en este y otros escritos medievales, es un símbolo de Jesús; adquiriendo todos sus atributos de manera simbólica: "El león significa el Hijo de la Virgen María; es, sin duda alguna, el rey de todos los hombres". Sobre aquello, véase a Isidoro de Sevilla. 2004. *Etimologías. Edición bilingüe*. Madrid: Biblioteca de autores cristianos, p. 901. Sobre esto y lo otro, véase a Malxecheverría, Ignacio, comp. 2002. *Bestiario medieval*. Madrid: Ediciones Siruela, pp. 90 y 92.

a un solo pie librada fía el peso,
135 y en otro guarda el cálculo pequeño
—despertador reloj del leve sueño—
porque, si necesario fue admitido,
no pueda dilatarse continuado,
antes interrumpido
140 del regio sea pastoral cuidado.[23]

¡Oh, de la majestad pensión gravosa,
que aun el menor descuido no perdona!
Causa, quizá, que ha hecho misteriosa,
circular, denotando, la corona,
145 en círculo dorado,
que el afán no es menos continuado.[24]

---

[23] A partir de un referente romano (en el que Júpiter -el equivalente al Zeus de los griegos- es el padre de los dioses y de los hombres y un "ave generosa" es un símbolo de generosidad y poder), sor Juana alude a María-Madre, que defiende a su hijo, a partir de epíteto *Aquilæ magnum*, según lo que dice en Apocalipsis 12, 14: "Y se le dieron a la mujer las dos alas de la gran águila, para que volase de delante de la serpiente al desierto, a su lugar, donde es sustentada por un tiempo, y tiempos, y la mitad de un tiempo". Ya ha sido referida como el *Signum magnum*. Está ligada a lo divino por su vínculo filian con Júpiter-Padre, que gobierna desde las alturas el cosmos, y con Apolo-Hijo, que pastorea los planetas del sistema solar; siendo hija y madre de ellos. La relación con la reina que refiere estos versos es a partir de Asteria y Delos, dos personajes centrales en el mito del nacimiento de Apolo, a pesar de que su madre es Leto. En la silva astérica de sor Juana, la Virgen María toma características de todas para representar a la Gran águila, Estrella del Mar, Reina Virgen.

[24] Si en la primera estrofa encontramos una descripción de una pirámide tenebrosa hecha de sombras, aquí encontramos, de manera inequívoca, un pirámide luminosa hecha de reverberaciones, arropada por un manto celeste; porque los versos de este apartado reafirman el tema central de este *poema uránico o astérico o mariano* de sor Juana, al hacer una descripción del *Signum magnum*, a través de su majestuosidad sobre las humanas cosas: la corona de 12 estrellas (o zodiaco), el vestido de sol (o mandorla), luna bajo de sus pies (o dominio de lo sublunar), y manto de estrellas (o espacio sideral). Véase esto en Apocalipsis 12, 1-2.

El sueño todo, en fin, lo poseía;
todo, en fin, el silencio lo ocupaba:
aun el ladrón dormía;
150   aun el amante no se desvelaba.

El conticinio casi ya pasando
iba, y la sombra dimidiaba, cuando
de las diurnas tareas fatigados
–y no solo oprimidos
155 del afán poderoso
del corporal trabajo, mas cansados
del deleite también (que también cansa
objeto continuado a los sentidos
aun siendo deleitoso:
160 que la Naturaleza siempre alterna
ya una, ya otra balanza,
distribuyendo varios ejercicios,
ya al ocio, ya al trabajo destinados,
en el infiel con que gobierna
165   la aparatosa máquina del mundo)–;
así, pues, de profundo
sueño dulce los miembros ocupados,
quedaron los sentidos
del que ejercicio tienen ordinario
170 –trabajo, en fin pero trabajo amado,
si hay amable trabajo–,
si privados no, al menos suspendidos,
y cediendo al retrato del contrario
de la vida, que –lentamente amado–
175 cobarde embiste y vence perezoso
con armas somnolientas,
desde el cayado humilde al centro altivo,
sin que haya distintivo
que el sayal de la púrpura discierna;
180   pues su nivel, en todo poderoso,
gradúa por exentas

a ningunas personas,
desde la de quien tres forman coronas
soberana tiara,[25]
185 hasta la pajiza vive choza;
desde la que el Danubio undoso dora,[26]
a la que junco humilde, humilde mora;
y con siempre igual vara
(como, en efecto, imagen poderosa
190 de la muerte) Morfeo
el sayal mide igual con el brocado.

El alma, pues, suspensa
del exterior gobierno –en que ocupada
en material empleo,
195 o bien o mal da el día por gastado–,
solamente dispensa
remota, si del todo separada
no, a los de la muerte temporal opresos
lánguidos miembros, sosegados huesos,
200 los gajes del calor vegetativo,
el cuerpo siendo, en sosegada calma,
un cadáver con alma,
muerto a la vida y a la muerte vivo,
de lo segundo dando tardas señas
205 el del reloj humano
vital volante que, sino con mano,
con arterial concierto, unas pequeñas
muestras, pulsando, manifiesta lento

---

[25] Se refiere a las tres vidas de María; dado que, dentro de este campo semántico, evangélico y cristiano, tiene tres coronas: la de Virgen, antes de la Concepción de Jesús; la de Madre, durante la Encarnación de Jesús, y la de Santa, a partir de su Ascensión al cielo.

[26] Danubio, río que nace en la Selva Negra alemana y pasa por las ciudades del Ulm, Ingolstadt, Passau, Ratisbona; así como por Linz y Viena, en Austria; Bratislava, en Eslovaquia; Budapest, Hungría; Novi Sad y Belgrado, en Serbia; Galati, en Rumania; Vidin y Ruse, en Bulgaria.

de su bien regulado movimiento.[27]
210 Este, pues, miembro rey y centro vivo
de espíritus vitales,
con su asociado respirante fuelle
–pulmón, que imán del viento es atractivo,
que en movimientos nunca desiguales
215 o comprimiendo ya, o ya dilatando
el musculoso, claro arcaduz blando,
hace que en él resuelle
el que lo circunscribe fresco ambiente
que impele ya caliente,
220 y él venga su expulsión haciendo activo
pequeños robos al calor nativo,
algún tiempo llorados,
nunca recuperados,
si ahora no sentidos de su dueño,
225 que, repetido, no hay robo pequeño–;
éstos, pues, de mayor, como ya digo,
excepción, uno y otro fiel testigo,
la vida aseguraban,
mientras con mudas voces impugnaban
230 la información, callados, los sentidos
–con no replicar sólo defendidos–,
y la lengua que, torpe, enmudecía,
con no poder hablar los desmentía.[28]

Y aquella del calor más competente

---

[27] De inicio a fin, esta estrofa refiere a un viaje astral, donde el alma sale del cuerpo. En este contexto, quien sueña está *muerta a la vida* (aunque esté *viva a la muerte*), como lo estará el día del Juicio Final. Entre el dormir y el morir hay un paralelo semántico, a través de una operación analógica o metafórica. Similar al vivir y el soñar, uno vive al dormir, aunque duerma al vivir, como lo expresó, también, en este apartado.

[28] En esta estrofa, quien duerme semeja a lo que se creía que sucedía con los cometas; ya que habla de las emanaciones o el resuello de estos en su viaje astral.

235 científica oficina,
próvida de los miembros despensera,
que avara nunca y siempre diligente,
ni a la parte prefiere más vecina
ni olvida a la remota,
240 y en ajustado natural cuadrante
las cualidades nota
que a cada cuál tocarle considera,
del que alambicó quilo[29] el incesante
calor, en el manjar que –medianero
245 piadoso– entre él y el húmedo interpuso
su inocente sustancia,
pagando por entero
la que, ya piedad sea, o ya arrogancia,
al contrario voraz, necia, lo expuso
250 –merecido castigo, aunque se excuse,
al que en pendencia ajena se introduce–;
ésta, pues, si no fragua de Vulcano,
templada hoguera del calor humano,
al cerebro enviaba
255 húmedos, mas tan claros los vapores
de los atemperados cuatro humores,
que con ellos no sólo no empañaba
los simulacros que la estimativa
dio a la imaginativa
260 y aquésta, por custodia más segura,
en forma ya más pura
entregó a la memoria que, oficiosa,
gravó tenaz y guarda cuidadosa,
sino que daban a la fantasía
265 lugar de que formase
imágenes diversas. Y del modo
que en tersa superficie, que de Faro

---

[29] El quimo es un líquido lechoso que está formado por el quimo, el jugo intestinal, bilis, y jugo pancreático.

    cristalino portento, asilo raro
    fue, en distancia longísima se vían
270 (sin que ésta le estorbase)
    del reino casi de Neptuno todo
    las que distantes lo surcaban naves
    –viéndose claramente
    en su azogada luna[30]
275 el número, el tamaño y la fortuna
    que en la instable campaña trasparente
    arrestadas tenían,
    mientras aguas y vientos dividían
    sus velas leves y sus quillas graves–:
280 así ella, sosegada, iba copiando
    las imágenes todas de las cosas,
    y el pincel invisible iba formando
    de mentales, sin luz, siempre vistosas
    colores, las figuras
285 no sólo ya de todas las criaturas
    sublunares,[31] mas aun también de aquellas
    que intelectuales claras son estrellas,[32]
    y en el modo posible
    que concebirse puede lo invisible,
290 en sí, mañosa, las representaba

---

[30] El azogue o mercurio recuerda el color plateado de la luna, y viceversa, siendo una adjetivación que responde a las características dadas a los espejos o materiales bruñidos de plata, que cumplían la función reflejante de lo que se posaba en sí.

[31] Se considera que los cometas son de naturaleza elemental o sublunares, y etéreos o supralunares. En estos versos, sor Juana quiere distinguir a una entidad que gobierna lo sublunar, de la misma manera que lo hace el padre Eusebio al referirse al cometa de 1680. Ese ente "es más alto, que el cóncavo de la Luna"; siendo esta y aquella obra, una alusión a la Virgen María. Véase a Kino, Eusebio Francisco. 1681. *EXPOSICIÓN ASTRONÓMICA DEL COMETA, &c.*, p. 2.

[32] En las descripciones astronómicas, el plural de estrella puede considerarse un sinónimo de asterismo o de costelación.

y al alma las mostraba. [33]

La cual, en tanto, toda convertida
a su inmaterial ser y esencia bella,
aquella contemplaba,
295 participada del alto Ser, centella
que con similitud en sí gozaba;
y juzgándose casi dividida
de aquella que impedida
siempre la tiene, corporal cadena,
300 que grosera embaraza y torpe impide
el vuelo intelectual con que ya mide
la cantidad inmensa de la Esfera,
ya el curso considera
regular, con que giran desiguales
305 los cuerpos celestiales
—culpa si grave, merecida pena
(torcedor del sosiego, riguroso)
de estudio vanamente judicioso—,
puesta, a su parecer, en la eminente
310 cumbre de un monte a quien el mismo Atlante
que preside gigante
a los demás, enano obedecía,
y Olimpo, cuya sosegada frente,
nunca de aura agitada
315 consintió ser violada,
aun falda suya ser no merecía:

---

[33] Esta descripción de un ser que gobierna lo sublunar y lo supralunar,
cabe dentro de la personificación de María como una estrella o un cometa
o una luz vestida con ropas de peregrino, que se encuentra en una razón
celestial, que usó previamente en el villancico "Illa quæ Dominum
Cœlli" ("Aquella que concibió al Señor del Cielo", en la página 145, de
esta antología), donde la Virgen Madre, María Santísima (y Sapientí-
sima) es un astro que asciende por el desierto como una estrella, como
un sol, o como una luz hermosa. Véase a Cruz, sor Juana Inés de. 1952.
*Obras completas de sor Juana Inés de la Cruz. II. Villancicos y letras
sacras*. México: FCE, p. 4.

pues las nubes –que opaca son corona
de la más elevada corpulencia,
del volcán más soberbio que en la tierra
320 gigante erguido intima al cielo guerra–,
apenas densa zona
de su altiva eminencia,
o a su vasta cintura
cíngulo tosco son, que –mal ceñido–
325 o el viento lo desata sacudido,
o vecino el calor del Sol lo apura.

A la región primera de su altura
(ínfima parte, digo, dividiendo
en tres su continuado cuerpo horrendo),
330 el rápido no pudo, el veloz vuelo
del águila[34] –que puntas hace al Cielo
y al Sol debe los rayos pretendiendo
entre sus luces colocar su nido–,
llegar; bien que esforzando
335 más que nunca el impulso, ya batiendo
las dos plumadas velas, ya peinando
con las garras el aire, ha pretendido,
tejiendo de los átomos escalas,
que su inmunidad rompan sus dos alas.[35]

---

[34] Se refiere a la representación simbólica de san Juan, el evangelista (uno de los Tetramorfos), que en la simbología cristiana adquiere la forma del águila, porque este animal simboliza la claridad y la búsqueda de sabiduría celeste.

[35] En las revelaciones de san Juan, encontramos la referencia de las dos alas de águila que recibe la Virgen María, al encontrarse ascendida al Cielo, después de luchar contra el Dragón, símbolo del diablo. De nuevo encontramos una imagen escalonada que asciende al Cielo. Quizá aquí, podríamos entenderlas como símbolos de la fe y la razón, tal como Juan Pablo II dispuso más de tres siglos después en su encíclica *Fides et ratio*: "La fe y la razón son como las dos alas con las cuales el espíritu humano se eleva hacia la contemplación de la verdad."

Representación del *Signum magnum*, dentro de la cosmografía del padre Eusebio, que está incluida en *Exposición astronómica del Cometa* de septiembre de 1681. Ahí retrata el paso del Gran cometa del 1680, como una analogía de lo que será el paso de la Virgen María a través de los 12 signos zodiacales. Esta imagen de la Virgen María de Guadalupe está acompañada de una verso de un canto medieval en lengua latina: "O Gloriosa Virginvm Svblimis Inter Sidera" (Oh, la más gloriosa de las vírgenes elevada más allá de las estrellas).

Imagen incluida en *La estrella del norte de México* (1688), un tratado mariano del padre jesuita, Francisco de Florencia, rector del Colegio de San Pedro y San Pablo, y un reconocido intelectual novohispano (que en 1681 escribe la licencia para la publicación del tratado astronómico del padre Kino). Se trata de una representación del *Signum magnum*, que contiene el versículo 5, del capítulo 15 del Génesis: *Suspice cœlum et numera stellas, si potes*" (Mira al cielo, y cuenta las estrellas, si puedes).

340 Las pirámides dos[36] –ostentaciones
de Menfis vano, y de la Arquitectura
último esmero, si ya no pendones
fijos, no tremolantes–, cuya altura
coronada de bárbaros trofeos
345 tumba y bandera fue a los Ptolomeos,
que al viento, que a las nubes publicaba
(si ya también al Cielo no decía)
de su grande, su siempre vencedora
ciudad –ya Cairo ahora–
350 las que, porque a su copia enmudecía,
la Fama no cantaba
Gitanas glorias, Ménficas proezas,[37]
aun en el viento, aun en el cielo impresas;[38]

éstas –que en nivelada simetría
355 su estatura crecía
con tal diminución, con arte tanto,
que (cuanto más al Cielo caminaba)
a la vista, que lince la miraba,
entre los vientos se desaparecía,
360 sin permitir mirar la sutil punta
que al primer Orbe finge que se junta,
hasta que fatigada del espanto,
no descendida, sino despeñada
se hallaba al pie de la espaciosa basa,[39]
365 tarde o mal recobrada

---

[36] Se refiere a las dos pirámides de Egipto (que quizá para la época, se desconocía una tercera, más pequeña, que acompaña a las mayores).

[37] Estos epítetos, se encuentran dentro del campo semántico de la cultura egipcia. La palabra "gitano" deriva de egiptano, a manera de gentilicio de los originarios de tal lugar.

[38] Se eliminan los dos puntos dobles, dejando un espacio y un punto y coma.

[39] Esta es una descripción geométrica de una pirámide egipcia, de su base a su punta, como un complemento de su estrofa anterior.

del desvanecimiento
que pena fue no escasa
del visüal alado atrevimiento–,
cuyos cuerpos opacos
370 no al Sol opuestos, antes avenidos
con sus luces, si no confederados
con él (como, en efecto, confinantes),
tan del todo bañados
de su resplandor eran, que –lúcidos–
375 nunca de calorosos caminantes
al fatigado aliento, a los pies flacos,
ofrecieron alfombra
aun de pequeña, aun de señal de sombra;[40]

éstas, que glorias ya sean Gitanas,
380 o relaciones profanas,[41]

---

[40] No es fácil de comprender este apartado; incluso, dentro de su contexto; ya que en los primeros versos describe denotativamente la belleza arquitectónica de una pirámide egipcia y, más adelante, con un lenguaje connotativo, a una serie de figuras antropoformes (o angélicas, si ambos fueron creados a imagen de dios), que la habitan.

[41] Esta es una alusión a lo que dice Heródoto en el Libro segundo de *Nueve libros de la Historia*; ya que contiene una "relación" de las pirámides de Egipto, a partir de sus descripciones y elucubraciones. Este libro está dedicado a Euterpe, la musa de la música y la poesía lírica. Resulta curioso que mencione a esta musa en otra silva astronómica que he atribuido a su obra lírica: "Rehusó el autor su elogio, y proveyó Dios de papel ocioso en su escrito, que ocupó en alabanza de uno y otro Cometa, originales, y retrató cierta musa prorrumpiendo en esta fantasía poética; &c". Este hecho no es una coincidencia, que vincula a ambos poemas, así como el tratado de Eusebio Francisco Kino con esta pieza lírica de largo aliento. Siendo este tratado una de las lecturas fundamentales de sor Juana y de don Carlos de Sigüenza y Góngora, al vincular las formas piramidales con forma oscura que surge detrás de la tierra como una "sombra impura" (Sigüenza) y "bastarda sombra, denegrida, y fiera" (sor Juana); y de manera inversa con la luz de los cometas y/o de la Virgen María de Guadalupe, como la una y misma cosa. Sobre estas adjetivaciones o epítetos, véase a Cadena, Omar de la. 2025. *Un cometa llamado Kino*. Hermosillo: SEyCo, p. 29 y 136, *et passim*.

bárbaros jeroglíficos de ciego
error, según el Griego;[42]
ciego también, dulcísimo poeta[43]
–si ya, por las que escribe
385 aquilëas pröezas[44]
o marciales de Ulises sutilezas,
la unión no lo recibe
de los Historiadores, o lo acepta
(cuando entre su catálogo lo cuente)
390 que gloria más que número aumente–,[45]
de cuya dulce serie numerosa
fuera más fácil cosa
al temido Tonante[46]
el rayo fulminante
395 quitar, o la pesada

---

[42] Este punto y coma no viene en ninguna edición, ni la original ni las posteriores. De no tenerlo, no se separan las ideas y se cae en un error de interpretación de sor Juana, ya que a continuación deja de hablar del universo egipcio, que abordó Heródoto, y después del universo griego, que abordó Homero. No tendría sentido de otra manera. Aquel, es el historiador de relaciones profanas (es decir, egipcias); y este el historiador de relaciones paganas (es decir, griegas).

[43] Esta es una referencia a Homero, rapsoda ciego; debido a que es el poeta ciego por antonomasia, además de griego y sin error, paladín de la cultura pagana. Sor Juana vincula a la obra histórica de Heródoto estos comentarios sobre las pirámides de Egipto. Es el único autor que no escribió en verso y que fue testigo de una práctica de la investigación científica. Esta parece una mala lectura o una errada cita de sor Juana.

[44] Cambio la palabra "aquileyas" (en desuso) por "aquileas" (en vigencia); pero, por medio de una licencia poética, agrego una diéresis para separar su diptongo en dos sílabas y el verso recupere su regularidad métrica. Además, agrego una diéresis más a la palabra "proezas", que se les fue a los editores iniciales y posteriores, por 333 años; ya que este verso era un hexasílabo entre heptasílabos.

[45] Es posible que esta frase secundaria, inserta en la principal, contraste a Homero con Heródoto. De cualquier manera, no hay mayor autoridad entre los historiadores griegos, que Heródoto y que Tucídides.

[46] Sobrenombre de Júpiter, el tronantes y fulminantes rayos.

a Alcides clava herrada,[47]
que un hemistiquio solo
de los que le dictó, propicio, Apolo;[48]

según de Homero, digo, la sentencia,
400   las pirámides fueros materiales
tipos solos, señales exteriores
de las que, dimensiones inferiores,
especies son del alma intencionales:[49]
que como sube en piramidal punta
405   al Cielo la ambiciosa llama ardiente,[50]

---

[47] Este es patronímico de Heracles, un semidios que es hijo del dios Júpiter y de la mortal Alcmena; a quien se le representa con una pesada clava o maza, con la que mató al león de Nemea en uno de sus doce trabajos.

[48] Para sor Juana es más fácil quitarle un rayo a Júpiter y un mazo a Heracles que la mitad de un verso a Homero; dando entender que su grandiosidad estaba por encima de la de aquellos.

[49] No hay noticia de que Homero escribiera sobre los griegos; ergo, es una confusión de lo que leyó de él a través de Heródoto. Su comparación del alma como especie de pirámide, es una analogía plausible dentro de su mismo campo semántico: alma/luz y pirámide/fuego.

[50] Antes que "los faroles de luciente llama", esta alusión vuelve a vincular el alma luminosa con la llama ardiente que es la Virgen María, una pirámide de asombro, frente a una *pirámide funesta*. Esto último se apoya en el significado de la palabra "funesta", según la Real Academia Española, refiere a lo siguiente: "(Del Lat. *Funestus.*) Adj. Aciago; que es origen de pesares. 2 Triste y desgraciado." Como adjetivo, ya fue usado en por don Gaspar Agustín de Lara en *OBELISCO FUNEBRE, PIRAMIDE FUNESTO, &c.* (1684), un poema fúnebre dedicado a Pedro Calderón de la Barca, que va de la elegía al panegírico, sin dejar de cantar una épica humana con un trasfondo cosmológico, cuando liga su muerte con la llegada del Gran Cometa de 1680, que deja de verse tres meses después de su muerte, en 25 de mayo de 1681. Sor Juana utiliza de manera ambigua, esta doble imagen de la pira (fuego dichoso) y de su sombra (fuego funesto). Sobre esto, véase a Lara, Gaspar Agustín de. 1684. *OBELISCO FUNEBRE, PIRAMIDE FUNESTO QUE CONSTRVIA, A la Inmortal memoria D. PEDRO Calderon de la Barca, Cavallero del Avito de Santiago, Capellan de Honor de ſu Mageſtad, y de su Real Ca-*

así la humana mente
su figura trasunta,[51]
y a la Causa Primera siempre aspira[52]
–céntrico punto donde recta tira
410 la línea, si ya no circunferencia,
que contiene, infinita, toda esencia–.

---

pilla de los Señores Reyes Nuevos de la Santa Iglesia de Toledo. D. GAS-PAR AGUSTIN DE LARA Confagrase, A La Imperial y Coronada Villa de Madrid, Corte del Mayor de los Monarcas, Emperador de dos Mundos, Don Carlos Segundo de Auftria, Rey de Efpaña. En su Iluftrifsimo, y Noblifsimo Ayuntamiento. Madrid: Evgenio Rodriguez, f. XLVII-XLVIII y 48-49; sobre aquello, véase a RAE. 1914. *Diccionario de la Lengua Castellana de la Real Academia Española.* Madrid: Imprenta de los sucesores de Hernando, p. 494.

[51] Estos versos afirman una constante sorjuanina: las referencias literales, tienen una correspondencia metafórica. Esto sucede continuamente al referirse literalmente a una pirámide, queriendo decir otra cosa; así como lo hiciera el padre Kino, uno de sus contemporáneos, en las descripciones astronómicas: al referir como pirámides a los cometas. El tratado del padre Kino es la fuente más inmediata para este poema. No debemos de olvidar que este poema está situado después de 1681; siendo una referencia que se comprende a partir de las imágenes de los fenómenos astronómicos, así como los misterios de las estrellas que *están* "en el cielo impresas", y que *aparecen* en los manuales astronómicos como la sombra del sol en la tierra y la de los cometas que se avistan desde ella. No obstante, hay dos explicaciones posibles, más allá de esta, en el presente apartado. Figurativamente, refiere a la geometría de luces y sombras que genera un objeto piramidal, que forma la Virgen María durante su ascenso: la pirámide de luz y la pirámide de sombra, que se corrobora en la estrofa anterior. Esto se repite en uno de sus villancicos, el dedicado a la mayor de todas las maravillas: Santa Catarina, la mártir de Alejandría. En 1691, en el villancico dedicado a ella, dice lo siguiente: "Pues no ha acertado ninguno/ ya que la más peregrina/ Maravilla, es Catarina:/ [...]/ fue Pirámide que al Cielo/ fue de un vuelo". Véase la página 176 del segundo volumen de sus obras completas, publicadas en 1952 por el Fondo de Cultura Económica.

[52] Aquí se refiere a la primera de las cuatro causas formales del fenómeno causa y efecto, con la que inicia una estructura discursiva, dentro del poema; siendo ésta la que corresponde a la materia. Sobre las cuatro causas y la fuente utilizada por sor Juana, véase la nota número 65.

Estos, pues, Montes dos artificiales
(bien maravillas, bien milagros sean),[53]
y aun aquella blasfema altiva Torre
415   de quien hoy dolorosas son señales
–no en piedras, sino lenguas desiguales,
porque voraz el tiempo no las borre–
los idiomas diversos que escasean
el socïable trato de las gentes
420   (haciendo que parezcan diferentes
los que unos hizo la Naturaleza,
de la lengua por sólo la extrañeza),
si fueran comparados
a la mental pirámide elevada
425   donde –sin saber cómo– colocada
el Alma se miró, tan atrasados
se hallaran, que cualquiera
gradüara su cima por esfera:
pues su ambicioso anhelo,
430   haciendo cumbre de su propio vuelo,
en la más eminente
la encumbró parte de su propia mente,
de sí tan remontada, que creía
que a otra nueva región de sí salía.[54]

435   En cuya, casi, elevación inmensa
(gozosa, mas suspensa;
suspensa, pero ufana;
y atónita, aunque ufana), la suprema

---

[53] Estas maravillas arquitectónicas, y milagros de la creación humana, son las pirámides de Egipto, y la Torre de Babel, como se afirma en la nota siguiente.

[54] Esta es una piadosa reflexión sobre la Torre de Babel: Genesis 11, 1-9. El "Alma" que mira y desestima todo lo humanamente creado, y dispone, en una jerarquía geométrica, a la esfera (o círculo) por encima del cono (o pirámide) es la Virgen María, que será revelada de nuevo y más claramente en los versos siguientes.

de lo sublunar Reina soberana,[55]
440 la vista perspicaz, libre de anteojos,
de sus intelectuales bellos ojos
(sin que distancia tema
ni de obstáculo opaco se recele,
de que interpuso algún objeto cele),
445 libre tendió por todo lo criado:
cuyo inmenso agregado,
cúmulo incomprensible
aunque a la vista quiso manifiesto
dar señas de posible,
450 a la comprensión no, que –entorpecida
con la sobra de objetos, y excedida
de la grandeza de ellos su potencia–
retrocedió cobarde.[56]

Tanto no, del osado presupuesto,
455 revocó la intención, arrepentida,
la vista que intentó descomedida
en vano hacer alarde
contra objeto que excede en excelencia
las líneas visüales

---

[55] Refiere a la Virgen María, cuya silueta es piramidal como la flama, y como ella asciende por otra sombra piramidal, escalonada, que nace de la tierra como ella. Para validar esta conjetura teológica y no hermética, véase la nota 18 de este libro, o léase a Cruz, sor Juana Inés de la Cruz. 1952. *Obras completas de sor Juana Inés de la Cruz, II. Villancicos y letras sacras*. México: FCE, p. 176.

[56] Debido a que sor Juana no puede referirse a otra "Reina soberana" que a la Virgen María, veo aquí un traspié, al no seguir la idealización mariana, y también un acierto, al humanizar a un personaje/entidad de orden divino. La acción piadosa, de la Virgen María es, por demás, justa (al observar con misericordia los actos humanos de ser como dioses); pero la acción cobarde, ante las ufanas acciones humanas (al teñirse de humanas pasiones), no es bondadosa. Por ello, si la Virgen María ascendió al Cielo en cuerpo y alma, aquí podría mostrar su doble rasgo de existencia; aunque, como se verá más adelante, sor Juana recapacita, al demostrar su bondad y su providencialismo sin par.

460 –contra el Sol, digo, cuerpo luminoso,
cuyos rayos castigo son fogoso,
que fuerzas desiguales
despreciando, castigan rayo a rayo
el confiado, antes atrevido
465 y ya llorado ensayo
(necia experiencia que costosa tanto
fue, que Ícaro ya, su propio llanto
lo anegó enternecido)–,
como el entendimiento, aquí vencido
470 no menos de la intensa muchedumbre
de tanta maquinosa pesadumbre
(de diversas especies conglobado
esférico compuesto),
que de las cualidades
475 de cada cual cedió: tan asombrado,
que –entre la copia puesto,
pobre con ella en las neutralidades
de un mar de asombros, la elección confusa–,
equívoco las ondas zozobraba;
480 y por mirarlo todo, nada vía,
ni discernir podía
(bota la facultad intelectiva
en tanta y tan difusa
incomprensible especie que miraba
485 desde el un eje en que librada estriba
la máquina voluble de la Esfera,
al contrapuesto polo)
las partes, ya sólo,
que al universo todo considera
490 serle perfeccionantes
a su ornato, no más, pertenecientes;
mas ni aun las que integrantes
miembros son de su cuerpo dilatado,

proporcionalmente competentes.[57]

495 Mas como al que ha usurpado
      diuturna oscuridad, de los objetos
      visibles los colores,
      si súbditos le asaltan resplandores,
      con la sobra de luz queda más ciego
500 –que el exceso contrarios hace efectos
      en la torpe potencia, que la lumbre
      del Sol admitir luego
      no puede por la falta de costumbre–,
      y a la tiniebla misma, que antes era
505 tenebroso a la vista impedimento,
      de los agravios de la luz apela,
      y una vez y otra con la mano cela
      de los débiles ojos deslumbrados
      los rayos vacilantes,
510 sirviendo ya –piadosa medianera–
      la sombra de instrumento
      para que recobrados
      por grados se habiliten,
      porque después constantes
515 su operación más firmes ejerciten
      –recurso natural, innata ciencia
      que confirmada ya de la experiencia,
      maestro quizá mudo,
      retórico ejemplar, inducir pudo
520 a uno y otro Galeno
      para que, del mortífero veneno,
      en bien proporcionadas cantidades
      escrupulosamente regulando
      las ocultas nocivas cualidades

---

[57] Léase aquí una descripción de Nuestra Señora de la Divina Providencia, una de las advocaciones marianas más representativas de la Virgen María de Guadalupe.

525   (ya por sobrado exceso
de cálidas o frías,
o ya por ignoradas simpatías
o antipatías con que van obrando)[58]
las causas naturales su progreso
530   (a la admiración dando, suspendida,
efecto cierto en causa no sabida,
con prolijo desvelo y remirada
empírica atención, examinada
en la bruta experiencia,
535   por menos peligrosa),
la confección hicieran provechosa
(¡último afán de la Apolínea ciencia,
de admisible trïaca,
que así del mal el bien tal vez se saca!)[59]

540   No de otra suerte el alma, que asombrada
de la vista quedó de objeto tanto,
la atención recogió, que derramada
en la diversidad tanta, aun no sabía
recobrarse a sí misma del espanto
545   que portentoso había
su discurso calmado,
permitiéndole apenas
de un concepto confuso
el informe embrión que, mal formado,
550   inordinado caos retrataba
de confusas especies que abrazaba
–sin orden avenidas,
sin orden separadas,

---

[58] Pongo en paréntesis este segmento gramatical, que sor Juana incrustó a la frase principal; porque dificulta su comprensión, al valerse de un recurso retórico bajo el nombre de histerología.

[59] A pesar de que usa dos signos de dos puntos [: :] de manera consecutiva al final de esta frase, con el fin de subordinar esta oración con la que sigue, tiene su propia unidad de significado y merece un punto y aparte.

que cuanto más se implican combinadas
555 tanto más se disuelven desunidas,
de diversidad llenas–,
ciñendo con violencia lo difuso
de objeto tanto, a tan pequeño vaso
(aun el más bajo, aun al menor, escaso).

560 Las velas, en efecto, recogidas,
que fío inadvertidas
traidor al mar, al viento ventilante
–buscando, desatento,
al mar fidelidad, constancia al viento–,
565 mal le hizo de su grado
en la mental orilla
dar fondo, destrozado,
al timón roto, a la quebrada entena,
besando arena a arena
570 de la playa el bajen, astilla a astilla,
donde –ya recobrado–
el lugar usurpó de la carena
cuerda refleja, reportando aviso
de dictamen remiso:
575 que, en su operación misma reportando,
más juzgó conveniente
a singular asunto reducirse,
o separadamente
una por una discurrir las cosas
580 que vienen a ceñirse
en las que, artificiosas,
dos veces cinco, son categorías [60]

---

[60] Aquí se refiere a los predicamentos o aspectos con los que se conoce
a la realidad desde la lógica y la metafísica Aristotélica; siendo unas,
entre las primarias, la sustancia, cantidad, cualidad, relación y lugar; y
siendo otras, entre las secundarias, el tiempo, posición, posesión, acción,
y pasión.

(reducción metafísica que enseña
–los entes concibiendo generales
585 en sólo unas mentales fantasías
donde de la materia se desdeña
el discurso abstraído–
ciencia a formar de los universales,[61]
reparando, advertido,
590 con el arte el defecto
de no poder con un intüitivo
conocer acto todo lo crïado,
sino que, haciendo escala, de un concepto
en otro va ascendiendo grado a grado,[62]
595 y el de comprender orden relativo
sigue, necesitado
del del entendimiento
limitado vigor, que a sucesivo
discurso fía su aprovechamiento)[63]

600 cuyas débiles fuerzas, la doctrina
con doctos alimentos va esforzando,
y el prolijo, si blando,
continuo curso de la disciplina,
robustos le va alientos infundiendo,
605 con más animoso

---

[61] La teoría de los universales (o de las propiedades que tienen los objetos del conocimiento), se fundamenta en los elementos comunes o generales de los objetos frente a los únicos o individuales.

[62] La teoría de los universales (al igual que otros conceptos teóricos y métodos analíticos que describe) se ha vuelto aquí en una escalera. Cada concepto es un escalón más en el ascenso por una pirámide del conocimiento científico. Esta analogía no es distinta con lo que alude aquí y en otras partes como pirámides escalonadas, que aparece con otro sentido en la primera estrofa de este poema astérico.

[63] Del paréntesis inicial a este, sor Juana usa dos signos de dos puntos [: :] de manera consecutiva; con el fin de subordinar ambos complementos a la oración precedente. Como tales, se entiende mejor el sentido de su oración a pesar de ser una frase larguísima dentro de otra.

al palio glorïoso
del empeño más arduo, altivo aspira,
los altos escalones ascendiendo[64]
–en una ya, ya en otra cultivado
610   facultad–, hasta que insensiblemente
la honrosa cumbre mira
término dulce de su afán pesado
(de amarga siembra, fruto al gusto grato,
que aun a largas fatigas fue barato),
615   y con planta valiente
la cima huella de su altiva frente.[65]

De esta serie seguir mi entendimiento
el método quería,
o del ínfimo grado
620   del ser inanimado[66]
(menos favorecido,
si no más desvalido,
de la segunda causa productiva),[67]
pasar a la más noble jerarquía
625   que, en vegetable aliento,
primogénito es, aunque grosero,

---

[64] Puede encontrarse aquí una analogía con el ascenso del ignorante hacia el saber. Quizá la imagen más adecuada en este poema gnóstico-teológico sea la de una pirámide escalonada, que adquiere las características de jeroglifo y de emblema, por diversos motivos.

[65] En su afán de conocer y de saber cómo conoce lo que conoce, en esta estrofa habla de la causa material de la existencia de las cosas, como la primera causa productiva.

[66] El fruto de su saber disciplinario referido en la estrofa anterior, surge a través de un método racional: la lógica aristotélica (como pináculo del saber racional).

[67] Se refiere a la segunda de cuatro causas formales del fenómeno causa y efecto; siendo la que define la esencia o forma de un ser o un objeto. Aquí se refiere al arquetipo o forma de un ser naciente, en Thetis, que traerá al mundo a Aquiles. Sobre la fuente y las otras causas, véase la siguiente nota.

de Thetis –el primero
que a sus fértiles pechos maternales,
con virtud atractiva,[68]
630 los dulces apoyó manantiales
de humor terrestre, que a su nutrimento
natural es dulcísimo alimento–,
y de cuatro adornada operaciones[69]
de contrarias acciones,
635 ya atrae, ya segrega diligente
lo que no serle juzga conveniente,
ya lo superfluo expele, y de la copia
la sustancia más útil hace propia;[70]

y –ésta ya investigada–
640 forma inculcar más bella
(de sentido adornada,
y aun más que de sentido, de aprehensiva
fuerza imaginativa),
que justa puede ocasionar querella
645 –cuando afrenta no sea–
de la que más lucida centellea
inanimada estrella,
bien que soberbios brille resplandores
–que hasta a los astros puede superiores,
650 aun la menor criatura, aun la más baja,

---

[68] A partir del personaje mitológico de Thetis encontramos la figura de Alma mater, madre nutricia.

[69] Se refiere a las cuatro operaciones que requiere la creación de un ser o ente o cosa: en este caso, el nacimiento de Aquiles. A partir de la analogía del carpintero, Aristóteles ejemplifica las cuatro causas para la creación de una silla, a partir de una relación de causa y el efecto, entre las que encontramos la causa material (la madera), la formal (la forma), la eficiente (el cambio), y la final (el resultado).

[70] En este apartado, sor Juana vincula a Thetis con el acto de amamantar a su primogénito, Aquiles, como un acto dador de vida; y a Aquiles con las cuatro causas formales, dadoras de su entendimiento; siendo en ellas, el método que descubre para conocerlo todo.

ocasionar envidia, hacer ventaja–;[71]

y de este corporal conocimiento
haciendo, bien que escaso, fundamento,
al supremo pasar maravilloso
655   compuesto triplicado,[72]
de tres acordes líneas ordenados
y de las formas todas inferiores
compendio misterioso:
bisagra engazadora
660   de la que más se eleva entronizada
Naturaleza pura
y de la que, criatura
menos noble, se ve más abatida:
no de las cinco solas adornada
665   sensibles facultades,[73]
mas de las interiores
que tres rectrices son,[74] ennoblecida

---

[71] En las cuatro últimas estrofas fundamentan la filosofía de la ciencia de sor Juana. Estos serán los prolegómenos (o el enfoque teórico-experimental y el principio método lógico-racional) que le permitieron hablar de astronomía y de los esfuerzos de quienes la practicaron para dominarla. Sólo para conquistar los frutos del entendimiento que sor Juana, a imitación de los astrónomos, también obtiene de manera teórica-práctica.

[72] Racional, vegetativo, y sensitivo.

[73] Sor Juana se refiere a los cinco sentidos: vista, oído, olfato, gusto, y tacto. En el libro XI, capítulo I, de *Tratado sobre la Santísima Trinidad,* san Agustín distingue entre el hombre interior y el exterior, cuando dice lo siguiente: "El hombre exterior, dotado de un cuerpo sensible, percibe los cuerpos; y en este sentido se subdivide, como es fácil advertir, cinco: vista, olfato, gusto, oído, y tacto." Véase a san Agustín. 1956. *Obras de san Agustín en edición bilingüe. Tomo V. Tratado sobre la Santísima Trinidad.* Madrid: Editorial Católica, p. 613.

[74] Sor Juana se refiere a las tres potencias o facultades del alma: memoria, entendimiento, y voluntad. En el libro X, capítulo XI, de *Tratado sobre la Santísima Trinidad,* san Agustín dice lo siguiente: "En la memoria radica la ciencia; en la inteligencia el ingenio, y la acción en la voluntad.

−que para ser señora
de las demás, no en vano
670 la adornó sabia, poderosa mano−:
fin de sus obras, círculo que cierra
la esfera con la tierra,
última perfección de lo crïado
y último de su Eterno Autor agrado,[75]
675 en quien con satisfecha complacencia,
su inmensa, descansó, magnificencia;

fábrica portentosa
que, cuanto más altiva al Cielo toca,
sella el polvo la boca
680 −de quien ser pudo imagen misteriosa
la que Águila Evangélica,[76] sagrada
visión en Patmos vio,[77] que las estrellas
midió y el suelo con iguales huellas,
o la estatua eminente
685 que del metal mostraba más preciado
la rica altiva frente,
y en el más desechado
material, flaco fundamento hacía,
con que a leve vaivén se deshacía−:
690 el hombre, digo, en fin, mayor portento
que discurre el humano entendimiento;
compendio que absoluto

Memoria, entendimiento y voluntad son unidad esencial y trilogía relativa". Véase a san Agustín. 1956. *Obras de san Agustín en edición bilingüe. Tomo V. Tratado sobre la Santísima Trinidad.* Madrid: Editorial Católica, p. 605.

[75] Dios es el Eterno Autor, el Inmortal, que sabe lo que fue, lo que es, y lo que será en los relatos cristianos.

[76] Refiere a la Virgen María a través de *Signum Magnum* que señala san Juan, apóstol evangélico, en Apocalipsis; dado que el águila simboliza la clarividencia, al volar muy alto y directamente al sol.

[77] Nombre de una isla griega donde sucedieron sus visiones apocalípticas.

parece al Ángel, a la planta, al bruto;
cuya altiva bajeza
695 toda participó Naturaleza.
¿Por qué? Quizá porque más venturosa
que todas, encumbrada
a merced de amorosa
Unión sería. ¡Oh, aunque repetida,
700 nunca bastantemente bien sabida
merced, pues ignorada
en lo poco apreciada
parece, o en lo mal correspondida!

Estos, pues, grados discurrir quería
705 unas veces.[78] Pero otras, disentía,
excesivo juzgando atrevimiento
el discurrirlo todo,
quien aun la más pequeña,
aun la más fácil parte no entendía
710 de los más manüales
efectos naturales;[79]
quien de la fuente no alcanzó risueña
el ignorado modo
con que el curso dirige cristalino
715 deteniendo en ambages su camino
–los horrorosos senos
de Plutón, las cavernas pavorosas
del abismo tremendo,
las campañas hermosas,
720 los Elíseos amenos,
tálamo ya de su triforme esposa,

---

[78] Como suma de lo dicho en la estrofa anterior, donde refiere a San Juan
y sus referencias a fenómenos astronómicos, se refiere a la medición de
estos.
[79] Podemos suponer de que se trata de manuales conocimiento astronó-
mico, al referir el establecimiento de los grados en los que se encuentran
los cuerpos celestes; sobre todo a partir de lo que referí en la nota 51.

clara pesquisidora registrando
(útil curiosidad, aunque prolija,
que de su no cobrada bella hija
725   noticia cierta dio a la rubia Diosa,
cuando montes y selvas trastornando,
cuando prados y bosques inquiriendo,
su vida iba buscando
y del dolor su vida iba perdiendo)–:

730   quien de la breve flor aun no sabía
por qué ebúrnea figura
circunscribe su frágil hermosura;
mixtos, por qué, colores
–confundiendo la grana en los albores–[80]
735   fragante le son gala;
ámbares por qué exhala,
y el leve, si más bello
ropaje al viento explica,
que en una y otra fresca multiplica
740   hija, formando pompa escarolada
de dorados perfiles cairelada,[81]
que –roto del capillo el blanco sello–
de dulce herida de la Cipria Diosa
los despojos ostenta jactanciosa,
745   si ya el que la colora,
candor al alba, púrpura al aurora
no le usurpó y, mezclado,
purpúreo es ampo, rosicler nevado:

---

[80] Los cometas van del grana o rojo al albo o blanco en sus caudas; por lo tanto, se trata de una descripción de un cometa, tal y como Ambrosio Pareo hace la descripción de un "cometa sangriento" de 1528. Véase a Armicis, Augusto. *Astronomía popular. Descripción general del cielo.* Tomo II. Barcelona: Montaner y Simón editores, p. 16.

[81] Esta es una descripción de un cometa caudado a la usanza medieval, como una faz alba o de marfil, rodeada de una cabellera que se pinta de colores refulgentes.

```
      tornasol que concita
750   los que del prado aplausos solicita:
      preceptor quizá vano
      –si no ejemplo profano–
      de industria femenil que el más activo
      veneno, hace dos veces ser nocivo
755   en el velo aparente
      de la que finge tez resplandeciente.⁸²
```

```
      Pues si a un objeto solo –repetía
      tímido el pensamiento–
      huye el conocimiento
760   y cobarde el discurso se desvía;
      si a especie segregada
      –como de las demás independiente,
      como sin relación considerada–
      da las espaldas el entendimiento,
765   y asombrado el discurso se espeluza
      del difícil certamen que rehúsa
      acometer valiente,
      porque teme –cobarde–
      comprenderlo o mal, o nunca, o tarde,
770   ¿cómo en tan espantosa
      máquina inmensa discurrir pudiera,
      cuyo terrible incomportable peso
      –si ya en su centro mismo no estribara–
      de Atlante a las espaldas agobiara,
775   de Alcides a las fuerzas excediera;
      y el que fue de la Esfera
      bastante contrapeso,
```

---

⁸² Gran parte de los sustantivos utilizados por sor Juana en este apartado son utilizados por astrónomos para describir a los cometas. El padre Kino, entre ellos, describe la longitud de la luz del Gran Cometa del 1680 como un "caudoso ropaje" o como un "luciente nevado follaxe". Véase a Kino, Eusebio Francisco. 1681. *EXPOSICION ASTRONOMICA DEL COMENTA*, &c., p. 7 v, 12 v, y 16 v.

pesada menos, menos ponderosa
su máquina juzgara, que la empresa
780   de investigar a la Naturaleza?

Otras –más esforzado–,
demasiada acusada cobardía
de lauro antes de ceder, que en la lid dura
haber quisiera entrado;
785   y al ejemplar osado
del claro joven la atención volvía
–auriga altivo del ardiente carro–,[83]
y el, si infeliz, bizarro
alto impulso, el espíritu encendía:
790   donde el ánimo halla
–más que el temor ejemplos de escarmiento–
abiertas sendas al atrevimiento,
que una ya vez trilladas, no hay castigo
que intento baste a remover segundo
795   (segunda ambición, digo).

Ni el panteón profundo
–cerúlea tumba a su infeliz ceniza–,
ni el vengativo rayo fulminante
mueve, por más que avisa,
800   al ánimo arrogante

---

[83] Sobre el mito de Faetón y la amplitud de su significado, véase a Publio Ovidio Nasón. 2008. *Metamorfosis. Libros I-V*. Traducción, introducción y notas de José Carlos Hernández Corte y Josefa Cantó Lorca. Madrid: Madrid: Editorial Gredos, p. 281. Sobre el uso que ha dado de este y otros personajes de este mito, véase a Cadena, Omar de la. 2025. *Un cometa llamado Kino*. Hermosillo: SEyCo, p. 35. Sobre la centralidad de Faetón en este poema, y en vida de sor Juana, véase a Paz, Octavio, 1994. *Sor Juana Inés de la Cruz o las trampas de la fe*. México: FCE, p. 119. Sobre la centralidad del mito de Prometeo y la Virgen de Guadalupe en la obra y vida de sor Juana, antes que el impetuoso e caprichoso Featón, véase a Cadena, Omar de la. 2025. *Un cometa llamado Kino*. Hermosillo: SEyCo, p. 66, *et passim*.

que, el vivir despreciando, determina
su nombre eternizar en su rüina.[84]
Tipo es, antes, modelo:
ejemplar pernicioso
805 que alas engendra a repetido vuelo,
del ánimo ambicioso
que –del mismo terror haciendo halago
que al valor lisonjea–
las glorias deletrea
810 entre los caracteres del estrago.[85]
O el castigo jamás se publicara,
porque nunca el delito se intentara:
político silencio antes rompiera
los autos del proceso
815 –circunspecto estadista–;
o en fingida ignorancia simulara
o con secreta pena castigara
el insolente exceso,
sin que a popular vista
820 el ejemplar nocivo propusiera:
que del mayor delito la malicia
peligra en la noticia,
contagio dilatado trascendiendo;
porque singular culpa sólo siendo,
825 dejara más remota a lo ignorado
su ejecución, que no a lo escarmentado.[86]

---

[84] Del verso 781 al 795 alude a Faetón, como un referente de la impru-
dencia, ya comentado anteriormente; pero del verso 796 al 802, alude a
otro personaje que, por la irresponsabilidad o la arrogancia de sus actos,
han eternizado su nombre con su ruina: Ícaro, el imprudente de Creta.

[85] Del verso 803 al 806 alude a Ícaro, a partir de unos versos conminato-
rios de actuar en el justo medio (ni cerca del sol, que derrite el adhesivo
de sus alas, ni cerca del agua, que las humedece), con el fin de denostar
tipos o modelos perniciosos (aunque deja a la sombra a los que han sido
reconocidos por su prudencia).

[86] En esta estrofa refiere a aquellas noticias de los actos reprobables del

Mas mientras entre escollos zozobraba
confusa la elección, sirtes tocando
de imposibles, en cuantos intentaba
830 rumbos seguir –no hallando
materia en que cebarse
el calor ya, pues su templada llama
(llama al fin, aunque más templada sea,
que si su activa emplea
835 operación, consume, si no inflama)
sin poder excusarse
había lentamente
el manjar transformado,
propia substancia de la ajena haciendo:
840 y el que hervor resultaba bullicioso
de la unión entre el húmedo y ardiente,
en el maravilloso
natural vaso, había ya cesado
(faltando el medio), y consiguientemente
845 los que de él ascendiendo
soporíferos, húmedos vapores
el trono racional embarazaban
(desde donde a los miembros derramaban
dulce entorpecimiento),
850 a los suaves ardores
del calor consumidos,
las cadenas del sueño desataban:
y la falta sintiendo de alimento
los miembros extenuados,
855 del descanso cansados,
ni del todo despiertos ni dormidos,
muestras de apetecer el movimiento
con tardos esperezos

---

pasado, que sin ellos no aprehenderíamos a través de sus errores, en ca-
beza ajena.

ya daban, extendiendo
860 los nervios, poco a poco, entumecidos,
y los cansados huesos
(aun sin entero arbitrio de su dueño)
volviendo al otro lado–,
a cobrar empezaron los sentidos,
865 dulcemente impedidos
del natural beleño,
su operación, los ojos entreabriendo.

Y del cerebro, ya desocupado,
las fantasmas huyeron,
870 y –como de vapor leve formadas–
en fácil humo, en viento convertidas,
su forma resolvieron.[87]
Así linterna mágica, pintadas
representa fingidas
875 en la blanca pared varias figuras,
de la sombra no menos ayudadas
que de la luz: que en trémulos reflejos
los competentes lejos
guardando de la docta perspectiva,
880 en sus ciertas mensuras
de varias experiencias aprobadas,
la sombra fugitiva,
que en el mismo esplendor se desvanece,
cuerpo finge formado,
885 de todas dimensiones adornado,
cuando aun ser superficie no merece.[88]

---

[87] Como si fuera una camera oscura, sor Juana se refiere a las imágenes que entran a través de la luz; a manera de apariencias, a partir de un artilugio muy famoso de su época: *la linterna mágica*.

[88] En este apartado describe el mecanismo de una "linterna mágica", así como una crítica a la fugacidad de sus impresiones. Lo que se imprime a través del ojo, es lo que se proyecta de las apariencias, tal y como las describe Kirchner en *Ars Magna Lucis et Umbrae*, capítulo X, parte III.

En tanto, el Padre de la Luz ardiente,[89]
de acercarse al Oriente
ya el término prefijo conocía,
890 y al antípoda opuesto despedía
con transmontantes rayos:
que –de su luz en trémulos desmayos–
en el punto hace mismo su Occidente,
que nuestro Oriente ilustra luminoso.[90]
895 Pero de Venus, antes, el hermoso
apacible lucero,
rompió el albor primero,
y del viejo Titán la bella esposa
–amazona de luces mil vestida,
900 contra la noche armada,
hermosa si atrevida,
valiente aunque llorosa–,
su frente mostró hermosa
de matutinas luces coronada,[91]
905 aunque tierno preludio, ya animoso

Véase a Kircneri, Athanassi. 1671 [1646]. *Ars Magna Lucis et Umbrae*. Amstelodami: Apud Joannem Janssonium à Waesberge & Haerdes Elizaei Weyerstrae, p. 768.

[89] Circunloquio o perífrasis, que refiere al sol, aunque éste, personificado y referido como una divinidad, se escriba con mayúscula.

[90] Ciertamente, es un atrevimiento decir que, en esta estrofa, se refiere al padre Eusebio Francisco Kino; o a un sabio de la astronomía. Tal aseveración entraría de inmediato en la lista de lo que muchos sorjuanistas catalogan de exageraciones y de equívocos, entre los intérpretes de su vida y obra, que ponen en duda el honor de la monja jerónima. Dicha aseveración no atenta a su decoro, sino a un hecho irrefutable: a Sol, el sol divinizado, es Padre de la luz; pero, al ser un símbolo encarnado, que irradian con su luz a quienes no saben, es una perífrasis de un sabio anónimo.

[91] Al igual que en otras de sus descripciones literales, se refiere figurativamente a su correspondiente cristiano; siendo, en este caso, la Virgen María, coronada por las doce estrellas; aunque no dejemos de mirar con malicia el cielo, haciendo una interpretación de estas por las doce costelaciones del zodiaco.

del Planeta fogoso,
que venía las tropas reclutando
de bisoñas vislumbres
—las más robustas, veteranas lumbres
910 para la retaguardia reservando—,
contra la que, tirana usurpadora
del imperio del día,
negro laurel de sombras mil ceñía
y con nocturno cetro pavoroso
915 las sombras gobernaba,
de quien aun ella misma se espantaba.

Pero apenas la bella precursora
signífera del Sol, el luminoso
en el Oriente tremoló estandarte,
920 tocando al alma todos los süaves
si bélicos clarines de las aves
(diestros, aunque sin arte,
trompetas sonoras),
cuando —como tirana al fin, cobarde,
925 de recelos medrosos
embarazada, bien que hacer alarde
intentó de sus fuerzas, oponiendo
de su funesta capa los reparos,
breves en ella de los tajos claros
930 heridas recibiendo
(bien que mal satisfecho su denuedo,
pretexto mal formado fue del miedo,
su débil resistencia conociendo)—,
a la fuga ya casi cometiendo
935 más que a la fuerza, el medio de salvarse,
ronca tocó la bocina
a recoger los negros escuadrones
para poder en orden retirarse,
cuando de más vecina
940 plenitud de reflejos fue asaltada,

que la punta rayó más encumbrada
de los del mundo erguidos torreones.[92]

Llegó, en efecto, el Sol cerrando el giro
que esculpió de oro sobre azul zafiro:[93]
945   de mil multiplicados
mil veces puntos, flujos mil dorados
–líneas, digo, de luz clara– salían
de su circunferencia luminosa,
pautando al Cielo la cerúlea plana;[94]
950   y a la que antes funesta fue tirana
de su imperio, atropadas embestían:[95]

---

[92] De nuevo aquí, como un círculo que empieza a cerrarse, cuando sor Juana hace una referencia del mal que acompaña y asiste a los injustos; y, también, del bien que acompaña y asiste a los justos. Aquello, a partir de una penúltima referencia de una sombra funesta y sus "negros escuadrones", aunque ahora estos últimos son "torreones" en vez de obeliscos. Esto, a partir de una penúltima referencia a la "bella precursora", la Virgen María, que corresponden al capítulo 12 y verso 6 del Apocalipsis.

[93] Esta es una referencia directa a los versos del canto apocalíptico, señalado en la nota anterior; así como una variante del tópico que establece en la nota siguiente.

[94] Sor Juana introduce a la poesía novohispana un tópico que se volverá frecuente en las descripciones astronómicas, tanto de su poesía sacra como en la de otros autores: el cielo como palimpsesto, siendo una página escrita y reescrita ante sus ojos. Se valdrá de este tópico en *Primero sueño* y en otros poemas astéricos, siendo el primero en publicarse aquel que he atribuido a su obra lírica, con la analogía del cielo como un "papel celeste", dedicado al padre Eusebio en su silva heterónima: "Retrato…"; el segundo, donde dice "[l]ámina sirva el cielo de retrato/… sílabas las estrellas compongan", que dedica a la Condesa de Paredes (bajo el apodo de Lísida), a través de los atributos de la Virgen María; y el tercero y último, cuando dice que las glorias egipcias que los Ptolomeos en "las nubes publicaba" o estaban en el Cielo impresas", o cuando dice que el Sol "esculpe de oro sobre zafiro" una melodía, encima de una "cerúlea [y pautada] plana", al retratar a la Virgen María en una escena del capítulo 12 del Apocalipsis. Sobre este apasionante tema, véase el apartado "El tópico del cielo como un papel, y las letras como estrellas" en mi libro *Primero sueño, luego escribo* (SEyCo, 2026).

[95] Aquí refiere a la sombra fugitiva y sus tropas, cuyas funestas acciones,

que sin concierto huyendo presurosa
–en sus mismos horrores tropezando–
su sombra iba pisando
955 y llegar al Ocaso pretendía
con el (sin orden ya) desbaratado
ejército de sombras, acosado
de la luz que el alcance le seguía.[96]

Consiguió, al fin, la vista del Ocaso
960 el fugitivo paso,
y –en su mismo despeño recobrada
esforzando el aliento en la rüina–
en la mitad del globo que ha dejado
el Sol desamparada,
965 segunda vez rebelde determina
mirarse coronada,
mientras nuestro hemisferio la dorada
ilustraba del Sol madeja hermosa,
que con luz judiciosa
970 de orden distributivo, repartiendo
a las cosas visibles sus colores
iba, y restituyendo
entera a los sentidos exteriores

---

indican la llegada del Juicio Final. Algunas de estas imágenes corresponden a lo que refiere el padre Eusebio sobre la malignidad de los cometas, que "refuerza la no leve conjetura, y argumento, de que ya el mundo va caminando a largos pasos al término de su decisión y fallecimiento", que predijo que sucedería hacia 1981: "tres siglos sobre los ya vividos". No se ría usted: quizá alguien hizo posible que el reloj siguiera girando. Sobre aquello, véase a Kino, Eusebio Francisco. 1681. *EXPOSICIÓN AS-TRONÓMICA DEL COMETA, &c.*, f. 23 r y 23 v.

[96] Este apartado funciona como un circunloquio que describe los apocalípticos sucesos del verso séptimo al noveno: la lucha del arcángel Miguel y su ejército de ángeles, contra el dragón o serpiente antigua, "que se llama Diablo y Satanás" (Apocalipsis 12, 7-9); pero también ayudan a confirmar que la sombra funesta y piramidal de los primeros versos, es una descripción de estos personajes.

su operación, quedando a luz más cierta
975   el Mundo iluminado, y yo despierta.[97]

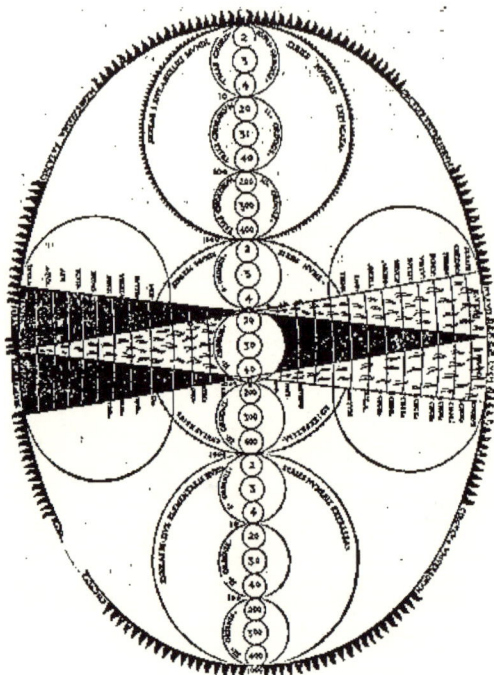

Circulus Universorum et pyramis lucis et tene-
brum, o bien círculo universal y la pirámide de
luz y de sombra, aparecida en el tomo II, página
14, del *Oedipi Aegyptiaci* de Atanacio Kircher.

---

[97] El cierre del poema, donde sor Juana prefigura el acto de soñar al acto
de existir, y de saber, encontramos una referencia a otra corona que ad-
quiere el personaje, siendo la segunda. El único personaje que logra esa
doble victoria es la Virgen María, que primero la descubrimos ascendida,
coronada por doce estrellas, y después, coronada de nuevo por su victoria
contra el dragón. Véase de nuevo, del primero al quinto verso del Apo-
calipsis, o el libro de las Revelaciones.

POEMAS

DE LA VNICA POETISA AMERICANA,
MVSA DEZIMA,

SOROR JVANA INES

DE LA CRVZ , RELIGIOSA PROFESSA EN EL
Monafterio de San Geronimo de la Imperial
Ciudad de Mexico.

QVE

EN VARIOS METROS , IDIOMAS , Y ESTILOS,
Fertiliza varios affumptos:

CON

ELEGANTES,SVTILES,CLAROS,INGENIOSOS,
VTILES VERSOS:

OTROS POEMAS ASTÉRICOS [98]

PARA ENSEÑANZA,RECREO, Y ADMIRACION.

DEDICALOS

A LA EXCEL.ᴹᴬ SEÑORA. SEÑORA D. MARIA
Luifa Gonçaga Manrique de Lara,Condefa de Paredes,
Marquefa de la Laguna.

Y LOS SACA A LVZ
D. JVAN CAMACHO GAYNA , CAVALLERO DEL ORDEN DB
Santiago , Mayordomo, y Cavallerizo que fue de fu Excelencia,
Governador actual de la Ciudad del Puerto
de Santa MARIA.

Segunda Edicion,corregida, y mejorada por fu Authora.

CON PRIVILEGIO.

EN MADRID: Por Juan Garcia Infançon. Año de 1690.

---

[98] Tal y como he referido en la nota 1, esta es una versión actualizada de una serie de poemas marianos (cantos devocionales dedicados a la Virgen María de Guadalupe), o bien, de un grupo de poemas astéricos (cantos celebratorios dedicados a Aster-Delos), que fueron publicados en *INVNDACION CASTALIDA, &c.* (1689), *POEMAS DE LA VNICA POETISA, &c.* (1690), *SEGUNDO VOLVMEN DE LAS OBRAS DE SOROR JUANA INES DE LA CRVZ, &c.* (1692), y *FAMA, Y POEMAS POSTHUMOS, &c.* (1700), con un enfoque filológico-hermenéutico afín al de otras ediciones precedente.

VILLANCICOS.

En honor a María Santísima, madre de Dios, en su
asunción triunfante, que se cantaron en la Santa
Iglesia Metropolitana de México y se imprimieron
el año de 1676 [99]

PRIMERO NOCTURNO

Villancico I

Estribillo

¡A la fiesta del Cielo, las voces claras,
a una reina, celebran, pura y sin falta!
¡Vengan, vengan,
a celebrarla por su buena estrella!
¡No se detengan, vayan,
que en su Concepción está para gracias!

---

[99] Es posible que este villancico no sea de sor Juana, debido a que fue impreso sin firma en 1676 y no fue incluido en ninguno de los dos tomos de las obras impresas durante su vida; ni siquiera en el tercer volumen, de manera póstuma. No obstante, aquí encontramos todos los tópicos y recursos retóricos que otros escritores utilizaron previamente y que ella misma utilizaría después para su elaboración. A continuación encontrará una edición del idioma y las normas que se utilizaron en su primera versión impresa, no sin observar, enmendar, y admirar la edición del padre Méndez de 1952.

Coplas

Con mucha gracia, María,
  siendo del género humano
  una concepción estrena,
  tan nueva que no ha pecado.
Allá en la mente divina,
  su puro esplendor intacto,
  sin necesidad de absuelto,
  fue este un caso reservado.
Corriendo por todo el mundo
  la culpa; estuvo el milagro,
  que macular no se pudiese,
  a su ser inmaculado.
Astuto, y desvanecido,
  a sus plantas arrojado;
  si honor puro, a Lucifer
  se le fue entonces por alto.
Corrientemente atrevido,
  por hija de Adán, el Diablo
  se la había jurado, puesto
  que echó por tantos, y cuantos.
Pero, como no podía
  en su concepción tragarlo,
  contra el bocado, se estuvo
  de Adán, sin probar bocado.
A la fiesta, &c.

Villancico I

Estribillo

¡A la Concepción, a la Concepción,
  no se detengan, que la fiesta es hoy!
  ¡Vayan, vayan,

que la Reina tiene harta gracia!
¡Lleguen, lleguen,
porque su fiesta es fiesta solemne!

Redondillas

Hoy, con festiva alegría,
de virtud, y gracia llena,
en su Concepción estrena
un Templo de Dios, María.
Venciendo el fiero Dragón,
que a sus pies holló triunfante,
este milagro al infante
sucedió en la Concepción.
Victoriosa, y sin desgracia,
como se deja entender,
fue el cas muy para ver
en Santa María de Gracia.
Si es puerta en quien se hallará
Franca la entrada del Cielo,
lo festivo de este anhelo
en porra cœlífera.[100]
Contra el Dragón, y sus redes,
en alta contemplación,
cogen por la Concepción,
los que hoy van a las Mercedes.
En tus aplausos divina,
después de tan gran batalla,
hoy cuando contenta se halla,

---

[100] Este es un neologismo que significa "perteneciente al cielo", al estar compuesto de las palabras "cielo" (cœlo) y llevar (ferre), que crea el adjetivo "cielífera", que dejo en su versión original. El padre Méndez modificó el texto y malinterpretó el sentido dispuesto en sus palabras, en su versión. Véase a Cruz, sor Juana Inés de. 1952. *Obras completas de sor Juana Inés de la Cruz, II. Villancicos y Letras sacras*. México: FCE, p. 20.

es la fiesta de la Reina.

Estribillo

A la Concepción, &c.

Villancico III

Diálogo

(Voz 1): ¿Quién es aquella azucena,
que pura entre todas brilla?
(Voz 2): Es, aunque azucena sea,
de Dios una maravilla.
(Voz 1): En su Concepción sin mancha,
tuvo asomos de cautiva?
(Voz 2): Muy libre se concibió,
y fue en un Ave María.
(Voz 1): Pudo caer en la culpa
de Adán, de quien es hija?
(Voz 2): La cabeza se estrelló,
sin haber dado caída.
(Voz 1): Con su pureza ¿el Demonio
tuvo alguna demasía?
(Voz 2): Aunque se precia de bravo,
jamás le echó la maldita.
(Voz 1): Porque campa de tremendo,
¿su estrago la atemoriza?
(Voz 2): Puesta sobre su cabeza,
de él se le da lo que pisa.

Estribillo

(Voz 1): ¿Quién es aquella Reina, de tierra, y cielo?

(Voz 2): Es clave de gracia, por Dios eterno.
Concebida sin mancha,
que está para glorias, que está para gracias.
Y en un instante
libre de Dios de culpa, para ser su Madre.

SEGUNDO NOCTURNO

Villancico IV

Un herbolario extranjero,
que es todo sabiduría,
para curar de veneno,
muestra una yerba bendita.
Él por su mano la planta,
que de ninguno la fía,
y porque salga con gracia,
le bendice la semilla.
Hace con ella milagros,
de curas tan peregrinas,
que es yerba sánalo-todo,
según a todo se aplica.
Dicen que es la Yerba buena,
los que de espacio la miran;
pero él por nombre le ha puesto,
la yerba Santa María.
Otros, que es la yerba santa,
dicen, que sola se libra
de la infusión, que de Adán
nos hizo la Manzanilla.
Otros, que es la Celidonia,
Por lo que aclara la vista;
y otros dicen, que es la salvia,
porque la lengua habilita.

Otros, viendo su virtud,
   que será romero afirman,
   y otros por la incorrupción,
   dicen, que es la siempreviva.
Ella, aunque es como ninguna,
   y a ninguna parecida,
   nace de la mejorana,
   y así a su lado se cría.
Tal virtud secreta encierra,
   que la Serpiente nociva,
   quiere rendirse a su fama,
   por no morir a su vista.
Todos los hombres la busquen,
   pues todos la necesitan,
   que aun de Ángeles la ciudad,
   yerba de la Puebla cría.
Manuel es el extranjero,
   a él vaya quien la codicia,
   que también se da de gracia,
   la que en gracia es concebida.

Estribillo

Nadie toma ponzoña, de hoy más mortales,
   pues con tal contrayerba ninguna es grande.
   Y aunque tenga en el seno
   ningún tema el venero
   que ella es la dulce triaca
   que todo el veneno saca,
   y cura de todos males.
Nadie tema, &c.

Villancico V

Estribillo

Al jardín, hortelanos;
al campo, labradores;
y veréis en el campo, y entre las flores
una rosa, sin recelo
de que la marchite el hielo,
ni la sequen sus ardores.
Sin espinas de pecado,
veréis, que preside el prado,
sin mancilla,
tan hermosa,
que siendo del Cielo rosa,
es del prado maravilla.

Coplas

Entre la antigua cizaña,
   que el enemigo del hombre
   puso en el jardín del mundo,
   para marchitar sus flores.
El hortelano divino,
   para obtener sus primores,
   en el más estéril cuadro
   plantó la rosa más noble.
De corrupción, y de espinas
   goza regias excepciones,
   fragante Reina de tanta
   república de colores.
A influjos del Sol se engendra,
   porque su Criador dispone
   que, aunque de la tierra nace,
   nada de la tierra toque.

Y porque saliendo al prado,
  por maravilla del orbe,
  luces por hojas despliegue,
  brille rayos por candores.
Tan limpia, en fin, se concibe,
  tan fuera del común orden,
  que naturaleza misma,
  en ella, se desconoce.

Estribillo

¡Al jardín, &c.

Villancico VI. Jácara

Estribillo

Oigan, miren, atiendan
  lo que se canta,
  que hoy la música viene
  de mucha gracia.
Pero hablando de veras,
  y en puridad,
  en breve ha de decirles
  una verdad.

Coplas

Antes que todas las cosas,
  érase una hermosa niña,
  de los ojos del Creador

graciosamente prevista;
que habiendo de ser de un Dios
humanado, Madre digna,
fue razón, que ni un instante
se apartase de su vista;
para ser de los mortales
la defensa, su escogida,
siendo la pura Azucena
de la hoja blanca, y limpia.
Contra la Serpiente astuta,
que ocasionó la ruina
de todo el género humano,
siempre estuvo prevenida.
Siempre armada, y vigilante,
y tanto que, al embestirla,
con linda gracia, le dio
en la cabeza una herida.
Jamás pudo, ni aún tocarla
la Sierpe, y así corrida
en escuchando su nombre,
bramando se da a patillas.
Para estas empresas, tanta
gracia Dios le comunica,
que siendo pura criatura,
mujer parece divina.
Sin la mancha de la culpa
se concibe, de Adán hija,
porque en un lunar no fuese
a su padre parecida.
Del tributo universal,
el sacro poder la libra,
previendo que había de ser
nuestra Reina sin caída.
De esta, pues, a quien los fieles
invocan, Madre benigna,
es la fiesta, y es el canto

de esta mi jacarandina.

Estribillo

Oigan, miren, atiendan, &c.

TERCER NOCTURNO

Villancico VII.

(Voz 1): María, en su Concepción,
las sombras venciendo oscuras
se forma de luces puras
bien ordenado escuadrón.
(Voz 2): De él huye el negro borrón.
(Voz 1): Y viendo de María
las puras luces bellas.
(Voz 2): Queda la noche fría,
y la hace ver estrellas.
(Voz 1): Triunfe el día.
(Voz 2): El cielo, que venza ordena
a la sombra su arrebol.
(Voz 1): Blanca aurora, hermoso Sol,
y Luna de gracia plena.
(Voz 2): Dele a la culpa la pena,
destruyendo el negro horror,
muera la sombra, al valor
que tanta luz encierra.
Alarma, guerra, guerra.
(Voz 1): Con luces de gracia, y gloria
Consigue María la victoria.
(Voz 2): Y a su pureza el triunfo se da.
(Voz 1): Es verdad,

porque vencer a la sombra,
y al Dragón, que se asombra,
se debe a su claridad.[101]

Coplas

Luciente, divina Aurora,
del que es de justicia Sol,
contra la noche se ostenta,
María, en su Concepción.
Como Luna, siempre llena
de puro indemne candor,
a pesar de las tinieblas,
sus luces manifestó.
Pues como el Sol, escogida,
la lobreguez ahuyentó
de la culpa, y por la gracia
claro día se formó.
Pertrechada se concibe
del limpio claro esplendor,
de la luz indefectible,
con que a la sombra venció.

Estribillo

María, en su Concepción, &c.[102]

---

[101] Léase aquí, la referencia más temprana de la asociación de Satanás o el Dragón Rojo con la sombra, que de manera poética trató en otra parte como la lucha de Aurora o el amanecer, en la figura de la Virgen María, contra el Crepúsculo o el ocaso, en la figura de Satanás.

[102] Esta indicación, quizá refiere a que se repita como un estribillo, la estrofa inicial: "Luciente, divina Aurora".

Villancico VIII

(Entre un Negro y la música castellana.)

(Negro): Acá tamo tolo:
Zambio, lela, lela,
que tambie sabe mo
cantalle la Leyna.
(Castellana): ¿Quién es?
(Negro): Un neglillo.
(Castellana): Vaya, vaya fuera,
que enfiesta de luces
toda de purezas,
no es bien se permita,
allá cosa negra.
(Negro): Aunque Negle, blanco
somo, lela, lela,
que il alma ribota,
blanca sa, no prieta.
(Castellana): Diga, diga, diga.
(Negro): Zambio, lela, lela:
Cuche ute, como la rá
rimoño la cantaleta.
Huye husico ri Tonina,
con su nalis ri trumpeta.
(Castellana): Vaya, vaya, vaya.
(Negro): Zambio, lela, lela.
Valgati riabro rimoño,
con su ojo ri culebra,
quiriaba pica la Virgl,
anda, toma para hella.

(Castellana): Vaya, vaya, vaya.
(Negro): Zambio, lela, lela:
¿Vini acá perra cavaya,
su cabeça ri bayeta,

y su cola ri machi,
pinsiaba la tribimenta?
(Castellana): Vaya, vaya, vaya.
(Negro): Zambio, lela, lela:
Vaya al infierno Cambinga,
ayá con su compañela,
que le mira calabralo
como lleva la cabeça.
(Castellana): Vaya, vaya, vaya.
(Negro): Zambio, lela, lela:
que tambie sabemo
cantalle las Leyna.[103]

Te Deum Laudamus.[104]

---

[103] Ésta es una versión actualizada de los siguientes documentos: [Cruz, sor Juana Inés de]. 1676. *VILLANCICOS, QVE SE CANTARON EN LA SANTA IGLESIA METRO*-politana de MEXICO. EN LOS MAITINES DE LA PVRISSIMA CONCEPCIÓN de Nueſtra Señora. A devocion de un afecʼto al Miſtʼerio. Año de 1676. Compueſtos en Metro musico, por el B.r Ioſeph de Agurto y Loayſa, Maeſtro Compoſitr de dicha Santa Iglesia. México: Viuda de Bernardo Calderon; y la archicitada edición del padre Méndez.

[104] Te alabamos, Dios.

✝ VILLANCICOS, ✝
QVE SE CANTARON
EN LA SANTA IGLESIA METRO·
✱✱✱ politana de MEXICO. ✱∴✱
✱✱
EN *LOS MAITINES DE LA PVRISSIMA*
✝ *CONCEPCION de Nueſtra Señora.* ✝

A devocion de vn afecto al Miſterio.
🔾 *Año de* 1676. 🔾

on licencia   En Mexico.

¶ *Compueſtos en Metro muſico, por el B. r Ioſeph de Agurto, y Loayſa, Maeſtro*
Compoſitor de dicha Santa Igleſia.
Por la Viuda de Bernardo Calderon, en la calle de San Auguſtin.

Portada de la única edición de esta serie de villancicos atribuidos a sor Juana, en la que se muestra una escena apocalíptica referida en el algunos de sus cuartetos: la derrota de Satanás y sus "escuadrones" maléficos por parte de la Virgen María y sus "escuadrones" angélicos.

VILLANCICOS.
En honor a Nuestra Señora, en su concepción del hijo de Dios, que se cantaron en la Santa Iglesia Metropolitana de México y se imprimieron el año el año de 1679 [105]

DEDICATORIA

A la Reina del Cielo, María Santísima, concebida en gracia
desde el primer instante de su ser

Hoy, Virgen bella, ha querido
a Vuestros pies mi afición
ofrecer el mismo don,
que de vos he recibido.
Dadle, Señora, la mano:
pues si bien se considera,
aunque es la ofrenda grosera,
el afecto es cortesano.
El talento que he tenido,
traigo: recibid de grado,
esto poco que he logrado;
y perdonad lo perdido.
En Vos, no en mí, acertar fío:

---

[105] Para la siguiente edición, realizo una serie de adecuaciones y enmiendas que permiten comprender mejor esta serie de villancicos marianos. Para un cotejo o lectura de su primera edición o de la edición canónica (aunque no sin modificarla, como lo han hecho y no han hecho otros autores), véase a Cruz, sor Juana Inés de. 1689. INVNDACION CRISTALIDA, &c., p. 240-249; y Cruz, sor Juana Inés de. 1952. Obras completas de sor Juana Inés de la Cruz, II. Villancicos y Letras sacras. México: FCE, pp. 60-74.

con que a todo el mundo muestro
que sí hay algo bueno, es vuestra,
y todo lo malo es mío.

PRIMERO NOCTURNO

Villancico I

De tu ligera planta
    el curso, Fénix rara,
    para, para;
    mira que se adelanta,
    en tan ligero ensayo,
    a la nave, a la cierva, al ave, al rayo.
¿Por qué surcas ligera
    el viento transparente?
    Tente, tente,
    consuélanos siquiera;
    no nos lleves contigo
    el consuelo, el amparo, el bien y abrigo.
Todos los elementos
    lamentan tu partida;
    mida, mida
    tu piedad sus lamentos:
    oye en humildad ruego
    a la tierra, a la mar, al aire, al fuego.[106]
Las criaturas sensibles
    y las que vida ignoran,
    lloran, lloran

---

[106] En este, al igual que anteriores y posteriores apartados, habla de su "partida" o peregrinaje, en cuerpo-alma hacia el cielo; y con ello, la manera de adquirir su santidad.

con llantos indecibles,
invocando tu nombre
el peñasco, la planta, el bruto, el hombre.
A llantos repetidos,
entre los troncos secos,
ecos, ecos
dan a nuestros gemidos,
por llorosa respuesta,
el monte, el llano, el bosque, la floresta.
Si las lumbres atenta
hacia el suelo volvieras,
vieras, vieras,
qué triste se lamenta
con ansia lastimosa
el pájaro, el cristal, el pez, la rosa.
Mas con ardor divino
ya rompiendo las nubes,
subes, subes,
y en solio[107] cristalino
besan tus plantas bellas
el cielo, el sol, la luna, las estrellas.
Ya espíritus dichosos
que el Olimpo componen,
ponen, ponen
a tus pies generosos,
con ardientes deseos,
coronas, cetros, palmas y trofeos.
No olvides, pues, Gloriosa,
al que triste suspira;
mira, mira
que ofreciste piadosa
ser, de clemencia armada,
auxilio, amparo, Madre y Abogada.

---

[107] Nombre dado a los tronos o asientos de papas y emperadores.

Estribillo

¡Sonoro clarín del viento,
resuene tu dulce acento,
toca, toca:
Ángeles convoca,
y en mil Serafines
mil dulces clarines
que, haciéndote salva,
con dulces cadencias saluden al Alba!

Villancico II

(Latino y castellano)

Divina María,
  rubicunda Aurora,
  matutina Lux,
  puríssima *Rosa.*
Luna, quae *diversas*
  Ilustrando zonas,
  Peregrina luces,
  eclipses ignoras. [108]
Angélica Scala,
  Arca prodigiosa,

---

[108] Al igual que la luna y otros cuerpos celestes, que reflejan la luz del sol, la Virgen María es un cuerpo-alma que brilla al refractar la luz del sol. Su luz es infusa, no propia; tal y como varios autores, incluida sor Juana, señalan al describirla. Será este rasgo, tan sorprendente en sí mismo, el que sea cuestionado en la vida de sor Juana y el que permita establecer un paralelo con la vida de la Virgen María; porque se creyó en su época que su sabiduría era infusa, atribuida a la luz divina, aunque mucha de ella se reveló a través de su estudio de distintos autores y materias. Sobre esto último, véase el apartado "Del cometa caudado como representación del *Signum magnum*" en *Primero sueño, luego escribo* (SEyCo, 2026).

pacífica Oliva,
Palma victoriosa.
Alta mente culta,
castissima *Flora,*
pensiles foecundas
cándida Pomona.
Tú, quae *coronando*
conscientias *devotas,*
domas arrogantes,
débiles confortas.
Dominando excelsa,
imperando sola,
felices exaltas
mentes, quae te adorant.
Tú, sustentas, pía,
gentes quae te implorant,
dispersando gratias,
ostentando glorias.
Triumphando *de culpa,*
Tremenda Belona,
pérfidas cervices
dura mente domas.
Thalamos *empíreos*
ornas deliciosa,
armando inocentes,
discordes conformas.
Tristes te invocamus:
Concede, gloriosa,
gratias quae te illustrant,
dotes quae te adornant.

Estribillo

¡*Vive,* triumpha, *tranquila,* quando te adorant
Seraphines *cantando perpetuas glorias!*

Villancico III

De hermosas contradicciones
  sube hoy la Reina adornada:
  muy vestida para pobre,
  para desnuda, muy franca.
Con oposiciones bellas,
  como Salomón la canta,
  muy morena para hermosa;
  para negra, muy sin mancha.
Del cielo y tierra extranjera,
  en ambas partes la extrañan:
  muy mujer para divina,
  muy celestial para humana.
La Naturaleza misma
  duda que pudo formarla:
  muy fecunda para virgen,
  muy pura para casada.
Con admiración en ella
  se ve la Ley derogada:
  muy humilde para reina,
  muy exenta para esclava.
Por su caudillo la tienen
  las celestiales escuadras,
  para combatir, muy tierna;
  para niña, muy armada.
La dignidad de que goza,
  con su modestia batalla:
  para mandar, muy pequeña;
  para humillarse, muy alta.
Modestamente renuncia
  los fueros que más la ensalzan:
  muy noble para perchera;
  muy sujeta para hidalga.
Une en sus divinos ojos

al temor la confianza:
muy terrible para hermosa;
para espantar, muy amada.
Colocada en el Empíreo,
    es la celestial morada
    corto solio a su grandeza;
    a su humildad, mucho alcázar.

Estribillo

¡Serafines alados, cantad la gala
a la Reina, que sube llena de gracias:
que, cuando contradicciones
componen sus perfecciones,
para adorarla,
variedades la visten y nunca es varicia!

SEGUNDO NOCTURNO

Villancico IV

La Astrónoma Grande,
    en cuya destreza
    son los silogismos
    demostraciones todas y evidencias;
la que mejor sabe
    contar estrellas,
    pues que sus influjos
    y sus números tiene de cabeza;
la que de las líneas
    tiene más destreza,

pues para medirlas
tiene el ejemplo en sí de la más recta;
no forma astrolabios,
pues para más cierta
cantidad, se sirve
de los círculos mismos de la Esfera.
Ella hace, en los signos,
que Cancro no muerda,
que el León no ruja
ni el veneno nocivo Escorpión vierta.
De benigno aspecto
es luna serena,
con que crisis hizo
de su achaque letal naturaleza.
De eclipse y menguantes
vive siempre ajena,
pues de su epinicio
ni el Sol se aparta, ni la sombra llega.
Signo fue de virgen
pues entrando en Ella
el Sol de Justicia,
conservó intacta virginal pureza:
en el cual, conjuntas
las naturalezas,
divina y humana,
causó en el Cielo la aperción de puertas.
Sus figuras fueron,
antes que naciera,
los Abigaíles,
las Saras, las Judithas y Rebecas.
Hoy las dignidades
goza de Planeta,
pues su gaudio y solio,
exaltación y casa, es una mesma.
Cuya planta, cuando
la elíptica huella,

juntándose al Sol,
se exalta del Dragón en la cabeza,
ya, acabado el curso,
en su Casa entra:
de donde reparte
influjos saludables a la tierra.

Estribillo

¡Vengan a verla todos, vengan, vengan:
que sin compases hoy, globos, ni reglas,
mensura las alturas con sus huellas!

Villancico V[109]

Ista, quam ómnibus
Cælis mirantibus,
Virginem credibus,
Foecundam canimus;[110]
Ista, quae plurimis
ornata laudibus,
se ostendit minimam,
Maxima plauditur;[111]
Ista, quae dulciter
lactavit Parvulum,
quem Cæli culmina

---

[109] La siguiente traducción es del padre Méndez, que puede encontrarse en la página 392 del segundo volumen de las obras completas de sor Juana Inés de la Cruz.

[110] "La que, admirándola/ cielos estáticos,/ fértil e inmácula/ fieles cantamos;"

[111] "ésta, que Máxima/ llaman mil cánticos,/ si Ella a sí mínima/ se ha declarado;"

adorant Maximum;[112]
Quae fortis superat
  serpentem callidum,
  qui saevus imperat
  oscuro Barathro,[113]
dum petit lucida
  Cælicum atrium,
  strident cardines,
  et ianua panditur.[114]
Textum sideribus
  induta pallium,
  ornatum floribus
  et rorans bálsamo,[115]
fecit and Superos
  felicem transitum:
  penetrat ínclita
  Cælorum aditum.[116]
Felix Empyreum
  occupat thalamum
  vbi dignissimam
  accipit laurum.[117]
Sed satis dedimus
  Virgini carminum;
  iam satis lusimus

---

[112] "la que dulcísima/ lactó aquel Párvulo/ que Empíreas cuspes/ adoran Máximo,"

[113] "y al astuto Áspid/ —fuerte— ha postrado/ (rey crudelísimo/ del negro Báratro),"

[114] "llégase lúcida/ ya al Célico atrio:/ sus puertas ábrense/ dándole paso."

[115] "Ya de astros nítidos/ tejido el palio,/ que en flores rútilo/ destila bálsamos,"

[116] "hizo a los ángeles/ su feliz tránsito,/ y el umbral ínclito/ ya ha penetrado."

[117] "Dichosa, el Célico/ la acoge Tálamo,/ donde el dignísimo/ recibe Lauro."

rustico calamo.[118]

Estribillo

¡Gaudete, Cæli; exultet Angelus,
et omnes novum canamus canticum![119]

Villancico VI

¡Plaza, plaza, que sube vibrando rayos!
¿Cómo? ¿Qué? ¡Aparten digo, y háganle campo!
¡Ábate allá, que viene, y a puntillazos
le sabrá al Sol y Luna romper los cascos!

Jácara

Aquella Mujer valiente,
   que a Juan retirado en Patmos,
   por ser un Juan de buena alma,
   se le mostró en un retrato;[120]
la que por vestirse, al Sol,
   luciente sardanápalo,
   en la rueca de sus luces
   le hace hilar sus mismos rayos;
la que, si acaso se arrisca
   la Diana de los campos

---

[118] "Mas ya a la Virgen/ harto cantamos:/ baste de músicas,/ rústico cálamo."
[119] "¡Gozad, oh, cielos! ¡Exulte el ángel!/ ¡Todos un nuevo cantemos cántico!"
[120] Esta referencia apocalíptica, de un asterismo o retrato compuesto de estrellas, se utiliza en el mismo sentido que el utilizado en el verso 82 de *Primero sueño*.

81

a competirle en belleza,
la meterá en un zapato;
para quien son los reflejos
de los más brillantes astros
cintillas de resplandor
con que teje su tocado;
la que a todo el firmamento
con su luciente aparato,
no le estima en lo que pisa,
porque ella pisa más alto;
la que si compone el pelo,
la que si se prende el manto,
no tiene para alfileres
en todo el Cielo estrellado;
para quien las hermosuras
que más el Mundo ha estimado,
no sólo han sido dibujos,
pero ni llegan a rasgos;
el término de lo lindo,
el cómo de lo bizarro,
el hasta aquí de belleza,
y el más allá de milagro.
¡No es para nada! De sus mejillas
están, de miedo temblando,
tamañitos de abriles,
descoloridos los mayos.
¡Los ojos! ¡Ahí quiero verte,
Solecito arrebolado!
Por la menor de sus luces
dieras caballos y carro.
Pues a la boca, no hay símil
que venga con quince palmos:
que es un pobrete el Oriente
y el Occidente un menguado.
¿Qué más quisiera el jazmín
que andarse, paso entre paso,

apropiándose en su rostro
entre lo rojo lo blanco?
De las demás perfecciones
al inmenso *Mare Magnum*,
cíñalas la admiración,
si hay ceñidor para tanto.
Este pues, terror hermoso,
este valeroso pasmo,
este refulgente asombro,
y este luminoso espanto,
lo que hay de la tierra al Cielo,
con espíritu alentado,
por ser poco para un vuelo
quiere medir con un salto.
Entre, Bendita de Dios,
en el Celestial Palacio;
que entrar y salir, es cosa
en que yo ni entro ni salgo.
Otro pinte cómo rompe
los celestiales tejados;
que yo solamente puedo
hablar de tejas abajo.

TERCERO NOCTURNO

Villancico VII

A alumbrar la misma luz,
a alegrar la misma Gloria,
a enriquecer las riquezas,
y a coronar las coronas;
a hacer Cielo al mismo Cielo,

a hacer la beldad hermosa,
a ennoblecer la nobleza,
y a honrar a las mismas honras,
sube la que es de los Cielos
    honra, riqueza, corona,
    luz, hermosura, y nobleza,
    cielo, perfección, y gloria.
Flamante ropa la viste,
    a quien las estrellas bordan,
    en cuya labor el Sol
    a ningún rayo perdona.
En oposición los astros
    lucientes tejen corona,
    que se adornan de sus sienes,
    más que sus sienes adornan.
La luna a sus pies mendiga
    todo el candor que atesora;
    y ya sin temer menguantes,
    la plenitud de luces goza.
Perennes fuentes de luces,
    confusos cuadros de rosas,
    los ojos y las mejillas,
    unos manan y otros brotan.
Alado enjambre celeste
    ser quiere en volantes tropas,
    si de flores, abejas;
    de sus llamas, mariposas.
Enriquece el vago Ofir
    del aire la vana pompa,
    y él, de sus undosas hebras,
    forma doradas garzotas.
Ramilletes teje el suelo,
    el aire respira aromas,
    espejos pulen las aguas,
    y el fuego lucientes bombas.
A recibirla salieron

las Tres Divinas Personas,[121]
con cuyos aplausos de quien
es Hija, Madre, y Esposa.
En fin, el inmenso espacio
que Febo luciente dora,
todo lo ocupan sus luces,
todo lo inundan sus glorias.
Mas las que en el solio regio
por eternidades goza,
la devoción las admire,
sin profanarlas la boca.

Estribillo

¡Subid en hora buena, subid, Señora,
a que la gloria os goce, y gozar la gloria!

Villancico VIII. — Ensalada

Introducción

Por celebrar tanta fiesta,
aquel sacristán de antaño
que introdujo con su voz
gallinero en el Parnaso,
cercenando de Virgilio
y zurciendo lo cortado,
más sastre que cantor, hizo
estas coplas de retazos:
con lo cual, consiguió hacer,
después de estar muy cansado,

---

[121] Refiere al Padre, al Hijo, y al Espíritu santo.

ajena toda la obra
y suyo todo el trabajo.

Sacristán[122]

Ille ego, qui quondam fui
divini Petri cantator,
dum inter omnes cantores
dixi: Arma, Virunque cano, [123]
iam sine timore, loquor,
iam sum valde confortatus;
nam cum Avem talem video,
non possum timere Gallum. [124]
Sic orsus ab alto sum;
iam non Apostolos tantum:
cosas de marca maiori
cantare sum incitatus. [125]
De Maria assumpta in Coelum
alta mysteria decanto
et subtilem testam mean
super aethera levabo, [126]
ut homes dicant quod mereor
esse, per optimos cascos,
Dominus Sacristanorum,

---

[122] Aquí sigo la traducción latina del padre Méndez. Véase a Cruz, sor Juana Inés de. 1952. Obras completas de sor Juana Inés de la Cruz, II. Villancicos y Letras sacras. México: FCE, p. 395.

[123] "Yo, aquel que he sido el cantor/ del divino Pedro, antaño,/ cuando, a medio coro, dije:/ Las Armas y el Varón canto,"

[124] "hoy hablo ya sin temor/y aun muy envalentonado,/ pues cuando a tal Ave miro,/ no puedo temer al Gallo."

[125] "Así, de lo alto principio;/ más que Apóstoles aplaudo:/ cosas de marca mayor/ a cantar soy incitado."

[126] "De María asunta al Cielo/ celebro Misterios altos,/ y así mi cholla sutil/ sobre el éter levantando,"

Monigotorum Praelatus.[127]

Prosigue la Introducción

A la voz del Sacristán,
   en la iglesia se colaron
   dos princesas de Guinea
   con bultos azabachados.
Y mirando tanta fiesta,
   por ayudarla cantando,
   soltando los cestos, dieron
   albricias a los muchachos.

Estribillo

(Negro 1): ¡Ha, ha, ha!
(Negro 2): ¡Monan vichilá!
¡He, he, he,
cambulé!
(Negro 1): ¡Gila coro,
gulungú, gulungú,
hu, hu, hu!
(Negro 2): ¡Menguiquilá
ha, ha, ha!

Coplas

(Negro 1): Flasica, naquete día
   qui tamo lena li glolia,
   no vindamo pipitolia,
   pueque sobla la alegría:

---

[127] "todos dirán que merezco/ ser, por mis óptimos cascos,/ de Sacrista-
nes Señor,/ de Monigotes Prelado."

que la Señola Malía
a turo mundo la da.
¡Ha, ha, ha! &
(Negro 2): Dejémoso la cocina
y vámoso a turo trote,
sin que vindamo gamote
nin garbanzo a la vizina:
qui arto gamote, Cristina,
hoy a la fieta vendrá.
¡Ha, ha, ha! &
(Negro 1): Ésa sí qui se nombraba
ecrava con devoción,
e cun turo culazón
a mi Dioso serviaba:
y polo sel buena Ecrava
le dieron la libertá.
¡Ha, ha, ha! &
(Negro 2): Milala como cohete,
qui va subiendo lo sumo;
como balita li humo
qui sale de la pebete:
y ya la estrella se mete,
adonde mi Dioso está.
¡Ha, ha, ha! &

Prosigue la Introducción

Los Seises de la Capilla
en docena con su canto
se metieron, y dos Seises
una docena ajustaron.
Y por no haber quien hiciese
los villancicos, a mano,
de los Versículos mismos
este juguete formaron:

Coplas

(Voz 1): La Madre de Dios bendita
se mira exaltada ya,
sobre Angelicales Coros
en el Reino Celestial.
(Coro): *Exaltata est sancta Dei Genitrix.*
Super choros Angelorum ad Caelestia Regna.[128]
(Voz 1): Al Cielo subió María;
y la turba Angelical,
cantando bendice alegre
la suprema Majestad.
(Coro): *Assumpta est Maria in Caelum: gaudent Angeli.*
Laudantes benedicunt Dominum.
(Voz 1): La Virgen Madre, al Etéreo
tálamo sube a reinar,
a donde en solio de estrellas
el Rey de Reyes está.
(Coro): *Virgo Mater assumpta est ad aethereum thalamum.*
In quo Rex regum stellato sedet solio.
(Voz 1): Hazme digna, Virgen Sacra,
para poderte alabar;
y contra tus enemigos
dame virtud eficaz.
(Coro): *Dignare me laudare te, Virgo Sacrata.*
Da mihi virtutem contra hostes tuos.

(****)

---

[128] "Coro" repite en latín lo que dice la voz 1, en esta y las siguientes intervenciones.

SILVA.

Rehusó el autor su elogio, y proveyó Dios de papel
ocioso en su escrito, que ocupó en alabanza de
uno y otro Cometa, originales, y retrató cierta
musa prorrumpiendo en esta fantasía poética;
pues deja el libro campo a elogios libre, más que
por elección, por contingencia:

¡Alto corra, de Euterpe en la cadencia,
libre del Sol, y el mar al escarmiento,
de la feliz laguna al sacro río;
y del Nagüense Guadalupe al Tíber
(a pesar del sagrado encogimiento
de su autor no elocuente, más que pío
* Interpre- Eusebio* que felice piedad suena,
tante: bueno, verde observancia, o religión amena),
óptimo, pul- oh, crinito lucero, la alta fama
cro, reli- de la elocuencia, que peinó tu llama!¹²⁹
gioso, o pío.

---

¹²⁹ Resulta impresionante el gran parecido de esta estrofa con un estribi-
llo de un villancico de 1681, que fue escrito "en honor de la Asunción
gloriosa de la Reina de los Ángeles", la Virgen María, que ha sido atri-
buido a sor Juana de manera temprana y no tardía como este poema. En
él, dice lo siguiente: "¡Corra el Río sagrado,/ suba con pompa:/ sutil, ágil,
y puro,/ por los Cielos rompa;/ y hasta que con el alto Inmóvil frise,/
Luces pase, Astros deje, Signos pise!". También, la imitación de sor
Juana de una imagen retórica del padre Kino, en el acto de peinar las
llamas o cabellera refulgente de un cometa: "[D]escabellan de pavor los
reinos a vista del cometa, o estelar cabeza, que peina rayos en vez de
cabellos". Véase, respectivamente, a Cruz, sor Juana Inés de. 1997.
Obras completas de sor Juana Inés de la Cruz., II. Villancicos y Letras
sacras. México: FCE, p. 287; y a Kino, Eusebio Francisco. 1681. *EX-*
POSICIÓN ASTRONÓMICA DEL COMETA, &c., f. 22 v.

Huésped de nuestros ojos, lunas cuatro;
años, porciones de distinto enero
(del ochenta, aquel; del ochenta y uno, este),
cuanta jornada bella
de ambos orbes äl público teatro
útil, como elegante pasajero
representaste, cuantos de engaños
a los futuros, y presentes años;
en tu papel celeste,
cuando de barba, cuando de cabello,
con más, o menos vello,
de tu esplendor, semblante.

¡Cuánto hasta ahora ignora el caminante,
si será con estrella, o sin ella!
Te observo, sin perder tu errante huella
en ese alcázar del Señor del día,
no menos luz, que acá poesía,
la de igual genio, pía,
que sin segunda Urania,
superior musa a par de su Alemania.

No dudo crezca al vuelo de su pluma
aplausos, y memorias tu plumaje
(parte de Venus, y del sol desgaje),
no ya como la espuma
cuya estribada en aire crespa altura
dura sus pompas lo que el soplo dura
ver te dejaste sobre soles ciento
impreso en este azul papel del viento:
según tu vida computó luciente.

¡Oh, cláusula de cuna a monumento,
tu celeste piadoso describiente!
Pero, ¿qué son los numerosos días
de la edad luminosa

que antes, y en post del sol lograste ufana,
estrella de igual noche, que mañana,
ávida a su influencia generosa?
Cien orientes, que pechan cien ocasos,
vida escasa, honor poco, pompa breve
(aunque en esa Colonia esclarecida,
haciéndote más crin con mayor vida
hayas pacido a Ethonte establos nueve)
con los que al Febo de mejores pías,
que en volumen menor lucientes pasos,
sin perder una huella,
te contó, y sumar hizo a tu hermosura,
lo que no iluminaste; edad futura,
corriendo por el orbe a tus olvidos,
que a tu luz darán por bien corridos.

** S. Basit.
Mag. Super
Sllud
Ezequiel: 33.
V. II.
Yo vivo:
el que tiene
vida no
quiere la
muerte del
pecador.

*** De
modo que
huyeran de
cara al arco.
Sal. 59 (60),
V. 6.

De infortunios no origen, sino amago,
si al fin te discurrió, no hayas sospecha
de menos aceptable,
no de plausible menos;
cuando hipnotiza aciago
entre los rayos de tu luz serena
a lo invisible solo formidable,
bien cual grito sin voz, rayo sin truenos,
feliz te contempló del arco flecha
de aquel inescrutable amor, que quiere**
muera ninguno, en fe, de que él no muere.

¡Oh, cuál favor en sí, si acá sentencia
del justo acuerdo de su amante audiencia,
que el terco delinquir de los mortales
intenta vienes, conminando*** males.[130]

---

[130] Sor Juana no firmó este poema con su nombre, sino con un apodo. No obstante, si no son suficientes las razones de contexto y situaciones en que fue escrito, para darle la autoría a sor Juana, también hay otro texto que usa similar recurso y sí fue tomado como propio, al desdoblarse

Representación de "Chispeante", nombre castellanizado de "Etonte" o "Aetón", uno de los cuatro caballos del carruaje de Apolo. Cuya leyenda, "Sic Itur Ad Astra", significa: "Así se va a las estrellas", aparecida en *Libra astronómica, y filosófica* (1690) de don Carlos de Sigüenza y Góngora, que irónicamente retrata el personaje mitológico aludido en la silva heterónima de sor Juana.

---

como Musa décima: "Soneto de cierta señora, Musa Décima". Véase a Lírica personal, p. 337. Por otra parte, esta es una versión que actualiza la original. Para leer la primera versión, así como una versión en inglés de este poema, véase a Cadena, Omar de la. 2025. *Un cometa llamado Kino. Del retrato del cometa "Eusebio Francisco Kino", descrito por la musa Urania, sor Juana Inés de la Cruz.* Hermosillo: SERPIENTE EMPLUMADA ~ y Compañía ~, p. 119 *et passim.* Para leer la versión original, véase a Kino, Eusebio Francisco. 1681. *EXPOSICION ASTRONOMICA DEL COMETA, Que el año de 1680. por los mefes de Noviembre, y Diziembre, y efte Año de 1681. por los mefes de Enero y Febrero, fe ha vifto en todo el mundo, y le ha obfervado en la Ciudad de Cádiz.* México: Francifco Rodriguez Lupercio, p. xvi-xviii.

SONETO.

*Aplaude la ciencia astronómica del padre Eusebio
Francisco Kino, de la Compañía de Jesús, que
escribió del cometa que el año de ochenta
apareció, absolviéndole de ominoso*

Aunque es clara del cielo la luz pura,
clara la luna y claras las estrellas,
y claras las efímeras centellas
que el aire eleva y el incendio apura;

aunque es el rayo claro, cuya dura
producción cuesta al viento mil querellas,
y el relámpago que hizo de sus huellas
medrosa luz en la tiniebla oscura;

todo el conocimiento torpe humano
se estuvo oscuro sin que las mortales
plumas pudiesen ser, con vuelo ufano,

Ícaros de discursos racionales,
hasta que el tuyo, Eusebio soberano,
les dio luz a las luces celestiales. [131]

---

[131] No se ha comprendido este soneto por los sorjuanistas contemporáneos, debido a que no leyeron *EXPOSICIÓN ASTRONOMICA DEL COMETA, &c.*, del padre Eusebio Francisco Kino y a que leyeron mal *LIBRA ASTRONOMICA, Y PHILOSOPHICA*, &c., de don Carlos de Sigüenza y Góngora; dado que no entienden que, a pesar de que expone la creencia de la ominosidad de los cometas (de poetas e historiadores clásicos grecorromanos, y de poetas, historiadores, y astrónomos modernos), el padre Eusebio absuelve de ominoso al Gran Cometa de 1680, al considerarlo una señal apocalíptica del Segundo Advenimiento de El Salvador,

EXPOSICION ASTRONOMICA DE EL COMETA,

Que el Año de 1680. por los meses de Noviembre, y Diziembre, y este Año de 1681. por los meses de Enero y Febrero, se ha visto en todo el mundo, y le ha observado en la Ciudad de Cadiz,

EL P. EUSEBIO FRANCISCO KINO
De la Compañia de Jesvs.

Con Licencia, en Mexico por Francisco Rodriguez Lupercio. 1681.

Portada de *Exposición astronómica del cometa* (1681) del padre Eusebio Francisco Kino, donde absuelve de ominosos a los cometas, al ser piadosas señales del Fin del Mundo; no sin dejar de hacer una predicción del fin de los tiempos.

---

que conminaba a la humanidad a salvarse a través de sus acciones. Para una lectura de la primera edición de este poema, consulte *INVNDACION CASTALIDA, &c.*, el primer volumen de las obras poéticas de sor Juana Inés de la Cruz, en la página 168. O una de sus versiones modernas, puede verse, clasificado con el número 205, en Cruz, sor Juana Inés de la. 2012. *Obras completas de sor Juana Inés de la Cruz, I. Lírica personal*. México: FCE, p. 336.

OCTAVAS.

Loa a la Inmaculada Concepción de María, que escribió la madre sor Juana Inés de la Cruz de manera anónima para un certamen poético, con el cual obtuvo el primer lugar

Esa envidia del Sol luz soberana,
que presta rayos a la ardiente esfera,
su oriente de cristal no lo profana
bastarda sombra, denegrida, y fiera:
patria de Apolo, en que luciente gana
brillo el diamante de su luz primera;
porque la antorcha pura, que ella dora
es más allá de luz, es más que Aurora.
Etéreo alcázar del mayor planeta
se encumbra airoso en remontado vuelo,
sin temer presagiante aquel cometa,
que inficionó tal vez al mismo cielo:
si no la invade hostilidad inquieta
de aquel, aunque ese fue siempre su anhelo:
¿Esta, que pudo ser? Pero sería
patria de Apolo, templo de María.
No es ni aun amago a su virgínea huella
cerviz valiente de áspid arrogante,
si al sacudirse del horror centella
postrada tiembla, y gime palpitante:
con la estrella del mar, si es que se estrella
la oscura envidia de la suya errante,
eclipsada se ve, pues sierpe sube,
Y baja rayo en fulminante nube.
Inmutable a los riesgos, predomina
Templo erigido en las purpureas horas

del que divino Apolo la ilumina
con tantas luces, cuantas viste auroras:
primicias goza de la luz divina,
porque del Sol las suyas son mejoras,
cuando a su obsequio brillan sin desmayo
del Sol las luces, de la luz los rayos.
Panteón inmaculado à las centellas,
que ardientes bordan su nevado aliño,
es el oriente de sus luces bellas,
si folio de cristal, trono de armiño:
pura al contacto de sus limpias huellas
pompa se adorna, y nunca desaliño;
pues que se escribe de su ser el vuelo
con letras de oro en papel del cielo.
Si pura habitación fue destinada
el sacro albergue de su luz primera,
siendo a mejor Apolo consagrada
cuna ardiente, que rayos reverbera;
de la Delos mejor, y más sagrada,
palacio inmaculado se venera;
porque el menor borrón fuera en María,
escándalo del Sol, mancha del día.[132]

---

[132] Se transcribe el siguiente texto de su versión original, publicada dentro de una especie de memoria de un certamen poético o "palestra literaria", donde concursaron una serie de panegíricos a la Inmaculada Concepción de María, así como a la Real Universidad de México. Véase a Sigüenza y Góngora, Carlos de. 1683. *TRIUMPHO PARTHENICO, &c.*, f. 66 r -67 v.

GLOSA.
En obsequio de la Concepción de María Santísima

De tu planta la pureza
huye el Dragón, pero tanta
goza agilidad tu planta,
que la alcanza en la cabeza.

Ya, María, pura y bella,
    tu planta al Dragón venció,
    que si antes tu pie asechó,
    ya va huyendo de tu huella;
mas aunque al viento atropella
venciéndolo en ligereza,
no le valdrá su presteza:
que, como apta para el Cielo,
goza atributos de vuelo
de tu planta la pureza.

Tal pesar le haces sentir,
    que añade, al llegar a ver,
    a la pena del caer
    la vergüenza del huir.
Mal te puede resistir
si, al verte tan pura y santa,
tanto tu vista le espanta
y tu resplandor le amedrenta,
que no sólo con afrenta
huye el Dragón, pero tanta.

De tu gracia va corrido,
　pues su necio parecer
　quiso en instante vencer
　y en instante fue vencido:
　porque tu Hijo querido
　tanto en dones te adelanta,
　que de tu concepción santa
　en el instante dichoso,
　como dote glorïoso
　goza agilidad tu planta.

De tu valor confundido,
　ya no sólo su furor
　no aspira a ser vencedor,
　mas se conoce vencido.
　Cobarde, pues, y afligido,
　sin recatar su flaqueza
　huye; pero tu destreza,
　sin que le valga el retiro,
　dirige tan bien el tiro,
　que le alcanza en la cabeza.[133]

---

[133] Otra versión moderna de esta glosa, clasificada con el número 138, puede encontrarse en Cruz, sor Juana Inés de la. 2012. *Obras completas de sor Juana Inés de la Cruz, I. Lírica personal*. México: FCE, pp.295-296. Para una lectura de la versión antigua, véase a Cruz, sor Juana Inés de la. 1692. *SEGVNDO VOLVMEN DE LAS OBRAS DE SOROR JVANA INES DE LA CRVZ, &c.*, pp. 466-467.

GLOSA.

En honor a la Inmaculada Concepción de María
Santísima, que presentó en el año de 1683 el
bachiller Felipe de Salaizes Gutiérrez, y se dio
tercero lugar en un certamen literario; aunque por
medio siglo se le atribuyó a sor Juana su autoría,
y actualmente se le niega

Mientras él mira suspenso,
sus bellezas multiplica;
ella, heridas todas fuertes,
pero ninguna sentida.

D. Luis de Góngora[134]

Con luciente vuelo airoso,
Reina de las aves bellas,
fabrica entre las estrellas
el ileso nido hermoso.
Mírala, el dragón furioso;
pero, aunque con odio intenso,
mal seguirá el vuelo inmenso
del Águila coronada,
si ella vuela remontada,
mientras él mira suspenso.

---

[134] Antonio Alatorre cree que estos versos son de Antonio de Paredes, y que esta glosa es del poeta poblano Felipe de Salaizes Gutiérrez, siendo ambos atribuidos a don Luis de Góngora y a sor Juana, respectivamente. No obstante, como en el caso de sus villancicos de dudosa autoría, confirman la similitud de recursos durante el furor mariano de su época. Sobre aquello, véase a Alatorre, Antonio. 2006. Hacia una edición crítica de Sor Juana. (Segunda Parte). *Nueva Revista de Filología Hispánica*, LIV, 1, p. 107.

Mal su anhélito ha intentado
el nido infestar, que ha visto;
porque con la piedra Cristo,
quedó el nido preservado.
Mas ella, al verle burlado,
a Dios el honor aplica,
y cuando de dones rica,
apocando sus riquezas,
disminuye sus grandezas,
sus bellezas multiplica.

Ave es que, con vuelo grave,
de lo injusto haciendo justo
pudo hacer a Adán Augusto,
convirtiendo a la Eva en Ave.
No el dragón su astucia alabe,
que si en las comunes muertes
goza victoriosas suertes,
hace en estos lances raros,
él, todos flacos reparos;
ella, heridas todas fuertes.

¡Qué bien el Ave burló
de sus astucias lo horrendo;
pues su concepción aun viendo,
su preservación, no vio!
Bien su necedad pensó,
que era el Águila escogida
de su veneno vencida;
aunque miraba en su daño
mil señales de su engaño,
pero ninguna sentida. [135]

---

[135] Se moderniza la glosa a partir de la versión publicada en *Triunfo par-
ténico* de 1683, una especie de memoria de una serie de panegíricos a la

ROMANCE.

Loa al marqués de la Laguna, a la que se le dio el primer lugar en un certamen literario y fue escrito bajo el seudónimo de "D. Juan Sáenz del Cauri", anagrama imperfecto del nombre de sor Juana Inés de la Cruz

Cuando, invictísimo Cerda,
al Águila de MARIA
dedican tiernos aplausos
aclamaciones festivas;
cuando celebran alegres
su pura luz matutina
de tan remontadas plumas
las bien logradas fatigas;
cuando del Águila Augusta
las propiedades aplican
a lo excelso de su vuelo,
y a lo claro de su vista,
¿a quién mejor, gran Señor?
¿O a quien también la rendida
obligación podrá dar
plácemes de tanto día,

Inmaculada Concepción de María, así como a la Real Universidad de México; así como a partir de su cotejo con la versión del padre Calleja en *Fama y otras póstumas* de 1700. Véase a Sigüenza y Góngora, Carlos de. 1683. *TRIUMPHO PARTHENICO, &c.,* f. 99 r; y a Cruz, sor Juana Inés de la Cruz. 1700. *FAMA, Y OBRAS POSTHUMAS, &c.,* pp. 140-141. Otra versión actualizada de este poema puede verse en Cruz, sor Juana Inés de. 1952. *Obras completas de sor Juana Inés de la Cruz, I. Lírica personal.* México: FCE, p. 269.

como à vos, que sois el centro
   glorioso, donde terminan
   de tan gran circunferencia
   tantas bien tiradas líneas?
¿A vos, en cuya laguna
   las imperiales antiguas
   sacras águilas renuevan
   las plumas envejecidas?
A vos, Águila caudal,
   cuya decendencia altiva
   nació de tantas Coronas
   en las Imperiales cimas;
vos, de quien se teme el Sol,
   que cuando su luz envía,
   o la encubráis con las alas,
   o la agotéis con la vista;
vos, cuyos gloriosos hechos
   nadie aplaudir osaría,
   si vuestras alas no dieran
   las plumas con que se escriban;
cuyas victoriosas plantas
   al Águila de las Indias
   la coronan de laureles
   más que la huellan vencida;
cuyas plumas, cuando ocupan
   toda la región vacía
   las peinan el aire con miedo
   con respeto el Sol las riza.
Vos, Águila de dos cuellos
   que, con equidad medida,
   uno mira a la piedad
   y otro atiende a la justicia.
Vos, que de Sol más hermoso
   atento a la luz divina,
   bebéis las luces que esparce,
   seguís los orbes que gira.

De aquel Sol, digo, animado
de cuyas luces mendiga
los broches que campa el cielo
las galas que ostenta el día.
De la deidad Mantuana,
que en el cielo es Medina
de Palas divina afrenta,
de Venus sagrada envidia.
Recibid de este museo
las que amantes os dedican:
ofrendas, que son deseos;
sacrificios, que son vidas.[136]

---

[136] Esta es una versión actualizada del romance original que se encuentra en *Triunfo parténico*, una memoria de una serie de panegíricos dedicados a la Inmaculada Concepción de María, que se realizaron en la Real Universidad de México. Véase a Sigüenza y Góngora, Carlos de. 1683. *TRIUMPHO PARTHENICO, etc.,* f. 113 r – 113 v. Otra versión actualizada de este poema, clasificado con el número 22, puede encontrarse en Cruz, sor Juana Inés de. 1952. *Obras completas de sor Juana Inés de la Cruz, I. Lírica personal.* México: FCE, p. 65.

ROMANCE.

A la encarnación de María

Que hoy bajó Dios a la tierra
es cierto; pero más cierto
es, que bajando a María,
bajó Dios a mejor Cielo.

Por obediencia del Padre
se vistió de carne el Verbo;
mas tal, que le pudo hacer
comodidad el precepto.

Conveniencia fue de todos
este divino Misterio;
pues el hombre, de fortuna,
y Dios mejoró de asiento.

Su sangre le dio María
a logro; porque a su tiempo,
la que recibe encarnando,
restituya el redimiendo;

si ya no es que, para hacer
la Redención, se avinieron,
dando moneda la Madre
y poniendo el Hijo el sello.

Un Arcángel a pedir

bajó su consentimiento,
guardándole, en ser rogada,
de Reina los privilegios.

¡Oh, grandeza de María,
que cuando usa el Padre Eterno
de dominio con su Hijo,
use con Ella de ruego!

A estrecha cárcel reduce
de su grandeza lo inmenso,
y en breve morada cabe
quien sólo cabe en sí misma.[137]

---

[137] Véase la primera edición de este poema en *INVNDACION CASTALIDA, &c.*, el primer volumen de las obras poéticas de sor Juana Inés de la Cruz, en la página 205. A partir de esta edición, se ha modernizado su lenguaje y signos de puntuación, hasta donde no llegó edición canónica de Alonso Méndez Plancarte; la cual puede verse y compararse, clasificado con el número 52, en Cruz, sor Juana Inés de la. 2012. *Obras completas de sor Juana Inés de la Cruz, I. Lírica personal*. México: FCE, pp. 192-193.

ROMANCE.

Nacimiento de Cristo, en que se discurrió [su semejanza con] la abeja: asunto de certamen[138]

De la más fragante rosa
nació la abeja más bella,
a quien el limpio rocío
dio purísima materia.

Nace, pues, y apenas nace,
cuando en la misma moneda,
lo que en perlas recibió,
empieza a pagar en perlas.

Que llore el alba, no es mucho,
que es costumbre en su belleza;
mas ¿quién hay que no se admire
de que el sol lágrimas vierta?

Si es por fecundar la rosa,
es ociosa diligencia,
pues no es menester rocío
después de nacer la abeja;

y más, cuando en la clausura
de su virginal pureza,

---

[138] Posiblemente, sor Juana se inspiró en los temas marianos abordados en la "palestra literaria" o "certamen poético" de *Triunfo parténico*, organizado por la Real y Pontificia Universidad de México en 1682 y 1683.

ni antecedente haber pudo
ni puede haber quien suceda.

¿Pues a quién fin es el llanto
que dulcemente le riega?
Quien no puede dar más fruto,
¿qué importa que estéril sea?

Mas, ¡ay!, que la abeja tiene
tan íntima dependencia
siempre con la rosa, que
depende su vida de ella;

pues dándole el néctar puro
que sus fragancias engendran,
no sólo antes la concibe,
pero después la alimenta.

Hijo y madre, en tan divinas
peregrinas competencias,
ninguno queda deudor
y ambos obligados quedan.

La abeja paga el rocío
de que la rosa la engendra,
y ella vuelve a retornarle
con lo mismo que la alienta.[139]

Ayudando el uno al otro
con mutua correspondencia,
la abeja a la flor fecunda,
y ella a la abeja sustenta.

---

[139] Sea un descuido de sor Juana o no, ambas ediciones del poema disponen la palabra "alimenta", que rompe con su métrica; siendo esta enmienda de Alonso Méndez Plancarte, una solución precisa a ese problema métrico, al trocarla por "alienta".

Pues si por eso es el llanto,
llore Jesús, norabuena,
que lo que expende en rocío
cobrará después en néctar.[140]

---

[140] Esta una versión modernizada, que surge a partir de la versión original, publicada en Cruz, sor Juana Inés de. 1689. *INVNDACION CASTA-LIDA, &c.*, p. 212; y Cruz, sor Juana Inés de. 1690. *POEMAS DE LA VNICA POETISA AMERICANA, MVSA DEZIMA, SOROR JVANA INES DE LA CRVZ, RELIGIOSA PROFESSA EN EL Monaſterio de San Geronimo de la Imperial Ciudad de Mexico, QVE EN VARIOS METROS, IDIOMAS, Y ESTILOS, Fertiliza varios aſſumptos: CON ELEGANTES, SVTILES, CLAROS, INGENIOSOS, VTILES VERSOS: PARA ENSE-ÑANZA, RECREO, Y ADMIRACIÓN, DEDICALOS A LA EXCEL.ᴹᴬ SEÑORA. SEÑORA DE MARIA Luiſa Gonçaga Manrique de Lara,Condeſa de Paredes, Marqueſa de la Laguna. Y LOS SACA A LUZ D. JVUAN CAMACHO GAYNA, CAVALLERO DEL ORDEN DE Santiago, Mayordomo, y Cavallerizo que fue de ſu Excelencia, Governador actual de la Ciudad del Puerto de Santa MARIA. Segunda Edicion, corregida, y mejorada por ſu Authora. MADRID: Juan Garcia Infançon*, p. 221. Sigue parcialmente la versión canónica de Alonso Méndez Plancarte, al seguir algunas modificaciones al uso de mayúsculas y su enmienda del poema original. Para una comparación, véase la versión de este en Cruz, sor Juana Inés de la. 1952. *Obras completas de sor Juana Inés de la Cruz, I. Lírica personal*. México: FCE, pp. 163-164.

ANAGRAMA.
Que celebra la Concepción de María Santísima[141]

Programa

Sumens illud Ave Gabrielis ore,
funda nos in pace, mutans Hevae nomen

Anagrama

Annae sum nata sine labe; inde Flos humano
generi, vivum Decus.

Epigrama

1. Nomine materno, mutata parte, Camilla   Virgil.
Dicitur, ut Triviam, digna ministra, colat.   lib. II,
                                                    Æneida
2. Totum nome ego, Triados quae Ancilla, Parentis
muto: tota in Ave vertitur Heve mihi.

---

[141] Esta la versión castellana, que ha sido propuesta por Alonso Méndez Plancarte y Antonio Alatorre, pero dispuesta sin las citas referidas en su original escrito en latín, que puede encontrarse en Cruz, sor Juana Inés de. 1692. *SEGVNDO VOLUMEN DE LAS OBRAS DE SOROR JVANA INES DE LA CRVZ, &c.*, pp. 35-36. No sigo la versión canónica establecida por ellos. Primero porque se ha clasificado este poema con el número 59, al segmentarlo; ya que es parte central del clasificado con el número 60; segundo, porque dejo las citas de referencias que dispuso el original; y tercero, por el cambio que he realizado, a partir de una puntuación, más apegada a la norma de estos días. Para una comparación, véase la versión de este en Cruz, sor Juana Inés de la. 2012. *Obras completas de sor Juana Inés de la Cruz, I. Lírica personal*. México: FCE, pp. 201-202.

3. *Nec mutasse satis nomen; mutasse Parentem*
   Gaudeo: me problem Gratia mater habet.

4. *Namque Annae sum nata, dedit cui Gratia nomen:*
   Gratia cui Proles, cui sine labe genus;

5. *Flos idem humano generi, vivum Decus. Inde*
   pro Ancilla, Matrem me vocat ipse Deus.

Estos cinco dísticos, traducidos a coplas castellanas

> 1. El nombre materno tuvo
>   Camila, mudando en parte
>   para que a la trivia diosa
>   dignamente ministrase.

> 2. Yo, esclava del trino de Dios
>   todo el nombre de la madre
>   mudo, y todo para mí,[142]
>   el Eva se vuelve en Ave.

> 3. Ni bastó mudar el nombre;
>   alégrome que mudase
>   a la madre, y que la gracia
>   por hija me señalase.

> 4. Hija de Ana soy, a quien
>   la gracia dio nombre grande,
>   a quien dio prole fecunda,
>   a quien generó impecable.

---

[142] El final de este verso merece una coma para que se comprenda mejor que la palabra "mudo" proviene del verbo "mudar", que ha conjugado en la primera persona del presente; y, también, para segmentar la última parte de la oración en la que "el [nombre de] Eva se vuelve en Ave".

5. De aquí me ha venido a ser
   flor del humano linaje,
   vivo honor, y que de esclava
   Madre el mismo dios me llame.

ROMANCE.

*Que pinta la proporción hermosa de la
excelentísima señora Condesa de Paredes, con
otra de cuidados, elegantes esdrújulos, que aún le
remite desde México a su excelencia.*

Lámina sirva el Cielo al retrato,
Lísida, de tu angélica forma;
cálamos forme el sol de sus luces,
sílabas las estrellas compongan.
Cárceles tu madeja fabrica;
Dédalo, que sutilmente forma
vínculos de dorados Ofires,
Tíbares de prisiones gustosas.
Hécate, no triforme, mas llena,
pródiga de candores, asoma;
trémula, no en tu frente se oculta,
fúlgida su esplendor desemboza.
Círculo, dividido en dos arcos,
pérsica, forman, lid belicosa:
áspides que por flechas disparan,
víboras de halagüeña ponzoña.
Lámparas, tus dos ojos, febeas;
súbitos resplandores arrojan:
pólvora que, a las almas que llega,
tórridas, abrasadas transforma.[143]
Límite de una y otra luz pura,
último, tu nariz judiciosa,
árbitro es entre dos confinantes,

---

[143] En este apartado se adjetivan dos sustantivos, quitándoles las mayúsculas que tenían en el original y que preserva Alonso Méndez Plancarte; a pesar de ser usadas en aquel y no en este sentido.

máquina que divide una y otra.
Cátedras del abril, tus mejillas,
clásicas dan a mayo, estudiosas:
métodos a jazmines nevados
fórmula rubicunda a las rosas.
Lágrimas de la aurora congela,[144]
búcaro de fragancias, tu boca:
rúbrica con carmines escrita,
cláusula de coral y de aljófar.
Cóncavo es, breve pira, en la barba,
pórfido en que las almas reposan:
túmulo les eriges de luces,
bóveda de luceros las honra.
Tránsito de jardines de Venus,
órgano es de marfil, en canora
música, tu garganta, que en dulces
éxtasis aun al viento aprisiona.
Pámpanos de cristal y de nieve,
cándidos tus dos brazos, provocan
tántalos, los deseos ayunos:[145]
míseros, sienten frutas y ondas.
Dátiles de alabastro tus dedos,
fértiles de tus dos palmas brotan,
frígidos si los ojos los miran,
cálidos si las almas los tocan.
Bósforo de estrechez tu cintura,
cíngulo ciñe breve por zona;
rígida, si de seda, clausura,

---

[144] Se quita la contracción de preposición y artículo, que no modifica su métrica.

[145] A diferencia de Tántalo, nombre propio que refiere al personaje de la mitología griega que fue condenado a un hambre y sed perpetua, y el nombre común tántalo, que refiere a un ave conocida como la cigüeña americana, es que en singular o en plural, las primeras van con mayúscula y se agrega el sufijo -s al final de la palabra. Por este motivo, no sigo el uso de mayúscula en esta palabra Alonso Méndez.

músculos nos oculta ambiciosa.
Cúmulo de primores tu talle,
dóricas esculturas asombra:
jónicos lineamientos desprecia,
émula su labor de sí propia.
Móviles pequeñeces tus planes,
sólidos pavimentos ignoran;
mágicos que, a los vientos que pisan,
tósigos de beldad inficionan.
Plátano tu gentil estatura,
flámula es, que a los aires tremola:
ágiles movimientos, que esparcen
bálsamo de fragantes aromas.
Índices de tu rara hermosura,
rústicas estas líneas son cortas;
cítara solamente de Apolo,
méritos cante, tuyos, sonora.[146]

---

[146] Esta una versión modernizada, que surge a partir de la versión original, publicada en Cruz, sor Juana Inés de. 1689. *INVNDACION CASTA-LIDA, &c.*, pp. 200-202; y su ilustración, de la tercera edición de 1709. No sigue la versión canónica de Alonso Méndez Plancarte, al actualizar las normas del uso de mayúsculas. Para una comparación, véase la versión de este en Cruz, sor Juana Inés de la. 2012. *Obras completas de sor Juana Inés de la Cruz, I. Lírica personal*. México: FCE, pp. 202-204.

ISIDIS
Magnæ Deorum Matris
APVLEIANA DESCRIPTIO.

"Isidis Magnae Deorum Matris", es una ilustración del tomo primero de *Oedipi Aegyptiaci*, donde el padre jesuita, Atanasio Kircher, anota las correspondencias de Isis con otros personajes de la mitología grecorromana, según sus atributos divinos. Al igual que el padre Kircher, sor Juana compara a Hécate y a Venus con Lísida (la virreina, María Lisa Manrique de Lara), a partir de los mismos atributos que ha otorgado en su poesía astérica a la Virgen María.

VILLANCICOS.
En Honor de María Santísima, madre de Dios, en su asunción triunfante, que se cantaron en la Santa Iglesia Metropolitana de México en 1685[147]

PRIMERO NOCTURNO

Villancico 1

Coplas

Al tránsito de María,
  el cuerpo y alma combaten:
  el cuerpo, por no dejarla;
  y el alma, por no apartarse.
No de la unión natural
  tan estrecho abrazo nace:
  que vencen los superiores,
  los impulsos naturales.
Tan breve el hermoso cuerpo
  espera vivificarse,
  que repugna la materia

---

[147] Esta una versión modernizada, que surge a partir de la versión original, publicada en Cruz, sor Juana Inés de. 1689. *INVNDACION CASTA-LIDA, &c.*, pp. 231-239. No sigo la versión canónica de Alonso Méndez Plancarte, en varias normas ortográficas y de puntuación, así como en la disposición de las voces o personajes. En esto último, sigo el estudio de René Lafon. Si quiere comparar su versión con la mía, véase a Cruz, sor Juana Inés de. 1952. *Obras completas de sor Juana Inés de la Cruz. II. Villancicos y letras sacras*. México: FCE, pp. 85-98.

121

la introducción al cadáver.
Como no tuvo la Muerte
 razón para ejecutarle,
 no la pagó como deuda,
 y la aceptó como examen.
Que, pues ni fio ni tuvo
 delito, no hay ley que mande
 que como principal muera
 ni como fiadora pague.
Murió por imitación,
 y para que no se hallase
 señal alguna en el Hijo,
 que no tuviese la Madre.
Y para doblar sus triunfos,
 porque es consecuencia grande,
 de morir tan generosa,
 resucitar tan triunfante.

Estribillo

Viva, reine, triunfe y mande:
 que quien a morir se atreve
 y paga lo que no debe,
 bien la corona merece
que en sus sienes se ennoblece;
 y le es dos veces debida,
 por suya y por adquirida
 con una hazaña tan grande.
¡Viva, reine, triunfe y mande!

Villancico II

Pues la Iglesia, señores,
 canta a María,
 de fuerza ha de cantarle

la letanía.
¡Oigan, óiganla todos con alegría,
   que es de la iglesia, aunque parece mía!

Coplas

Uno solo:
De par en par se abre el Cielo
   para que entre en él María,
   porque a la puerta del Cielo
   puerta del Cielo reciba.

Coro:
Ianua Caeli. Ora pro nobis.[148]

Uno solo:
El Sol, de sus bellos rayos
   le da vestidura rica,
   y las estrellas coronan
   a la Estrella Matutina.

Coro:
Stella Matutina. Ora pro nobis.[149]

Uno solo:
Su hermosura copia del Cielo
   en superficies bruñidas,
   sirviendo de espejo claro
   al Espejo de la Justicia.

---

[148] "Puerta del Cielo. Ruega por nosotros."
[149] "Estrella matutina. Ruega por nosotros."

Coro:
Speculum iustitiae. Ora pro nobis.[150]
Uno solo:
Todas las gloriosas almas
    que tuvo la Ley antigua
    se le postran, adorando
    su naturaleza misma.

Coro:
Regina Patriarcharum. Ora pro nobis.[151]

Uno solo:
También a sus pies postradas
    las tres altas jerarquías,
    la reconocen Señora
    de la celestial milicia.

Coro:
Regina Angelorum. Ora pro nobis.[152]

Uno solo:
Cuantos bienaventurados
    la eterna mansión habitan
    del Empíreo, en fin, gozosos,
    por su Reina la apellidan.

Coro:
Regina Sanctorum Omnium. Ora pro nobis.[153]

---

[150] "Espejo de justicia. Ruega por nosotros."
[151] "Reina de los patriarcas. Ruega por nosotros."
[152] "Reina de los ángeles. Ruega por nosotros."
[153] "Reina de todos los Santos. Ruega por nosotros."

Villancico III

Estribillo

¡Esta es la justicia, oigan el pregón,
que manda hacer el Rey nuestro Señor
en su madre intacta,
porque cumplió
su voluntad con toda perfección!
¡Oigan el pregón, oigan el pregón!

Coplas

Triunfante Señora,
    ya que tu asunción
    se sube de punto,
    quiero alzar la voz.
¡Oigan el pregón!
Manda el Rey Supremo,
    que, porque vivió
    María sin culpa,
    para sin dolor.
¡Oigan el pregón!
Vivió Inmaculada;
    y así, fue razón
    que muera María
    conforme vivió.
¡Oigan el pregón!
Mérito es su muerte,
    y no obligación:
    pues pagó el tributo
    que nunca debió.
¡Oigan el pregón!
A la misma muerte

con la suya honró,
porque hasta la muerte
goce su favor.
¡Oigan el pregón!
Por otro motivo,
que todos, murió:
no de hija de Adán,
de Madre de Dios.
¡Oigan el pregón!
Por aquellas causas
el Señor mandó,
que goce la Gloria,
pues la mereció.
¡Oigan el pregón!

SEGUNDO NOCTURNO

Villancico IV

Estribillo

Las flores y las estrellas
tuvieron una cuestión.
¡Oh, qué discretas son,
unas con voz de centellas
y otras con gritos de olores!
Óiganlas reñir, señores,
que ya dicen sus querellas:
(1 voz): ¡Aquí de las estrellas!
(2 voz): ¡Aquí de las flores!
(Tropa): ¡Aquí de las estrellas, aquí de las flores!

Coplas

(1 voz): Las estrellas, es patente
que María las honró;
tanto, que las adornó
con sus ojos y su frente.
Luego es claro y evidente
que éstas fueron las más bellas.
(Coro): ¡Aquí de las estrellas!
(2 voz): ¿Qué flor en María no fue
de las Estrellas agravios,
desde el clavel de los labios
a la azucena del pie!
Luego más claro se ve
que éstas fueron mejores.
(Coro 2): ¡Aquí de las flores!
(1 voz): En su vida milagrosa,
la Inmaculada Doncella
fue intacta como la estrella,
no frágil como la Rosa.
Luego es presunción ociosa
querer preceder aquellas.
(Coro 1): ¡Aquí de las estrellas!
(2 voz): Su fragancia peregrina,
más propia la simboliza
la rosa que aromatiza,
que la estrella que ilumina.
Luego a ser rosa se inclina,
mejor que a dar resplandores.
(Coro 2): ¡Aquí de las flores!
(1 voz): Por lo más digno eligió
de lo que se coronó,
y es su corona centellas.
(Coro 1): ¡Aquí de las estrellas!
(2 voz): Lo más hermoso y lucido
es su ropaje florido,

y lo componen colores.
(Coro 2): ¡Aquí de las Flores!
(1 voz): Estrellas sabe pisar,
y en ellas quiere reinar,
coronándolas sus huellas.
(Coro 1): ¡Aquí de las estrellas!
(2 voz): Entre flores adquirió
esa gloria que alcanzó;
luego éstas son superiores.
(Coro 2): ¡Aquí de las Flores!
(1 voz): ¡Fulmínense las centellas!
(Coro 1): ¡Aquí de las estrellas!
(2 voz): ¡Dispárense los ardores!
(Coro 2): ¡Aquí de las flores!
(1 voz): ¡Aquí, aquí de las querellas!
(2 voz): ¡Aquí, aquí de los clamores!
(1 voz): ¡Batalla contra las flores!
(2 voz): ¡Guerra contra las estrellas!
(Coro 1): ¡Batalla contra las flores!
(Coro 2): ¡Guerra contra las estrellas!

Villancico V

Coplas

A la que triunfante,
    Bella Emperatriz,
    huella de los aires
    la región feliz;
a la que ilumina
    su vago confín,
    de arreboles de oro,
    nácar y carmín;

128

a cuyo pie hermoso
   espera servir
el tono estrellado
   en campo turquí;
a la que confiesa,
   cien mil veces mil,
por Señora el Ángel,
   Reina el Serafín;
cuyo pelo airoso,
   que prende sutil
en garzotas de oro
   banderas de Ofir,
proceloso y crespo
   se atreve a invadir,
con golfos de Tíbar,
   reinos de marfil;
de quien aprendió
   el Sol a lucir,
la Estrella a brillar,
   la Aurora a reír,
cantemos la gala,
   diciendo, al subir:
¡pues vivió sin mancha,
   que viva sin fin!

Estribillo

Y pidamos, a una voz,
   que ampare al pobre redil:
pues, aunque no hay más que ver,
   siempre queda qué pedir.

Villancico VI

Coplas

A las excelsas imperiales plantas
de la triunfante poderosa Reina
que corona de estrellas sus dos sienes
y sus dos pies coronan tan estrellas;
a la que, de laureles adornada
y tremolando victoriosas señas,
caudal Águila vuela a las alturas,
fragante vara sube a las esferas;
a la que en giros rápidos de luces,
si, del que la hospedó, valle se ausenta,
cuanto con la presencia más se aparta,
tanto con la piedad en él se queda;
a la que se abatió hasta ser esclava
por merecer el título de reina,
zanjando en los cimientos de humildades
los edificios de mayor alteza;
a aquella que, aunque se confiesa esclava,
    se excluye de la culpa, pues expresa
    el soberano dueño a quien se humilla,
    porque sólo de Dios serlo pudiera,
celebremos alegres, pues hoy logra
    del Aquilón en la mansión suprema,
    gozar por su habilidad el Tronco Empíreo
    que pretendió Luzbel con su soberbia.

Estribillo

Y cantemos humildes
    con voces tiernas,
    que el ir la Reina hermosa.

130

(Voz): A la Gloria eterna,
(Tropa): ¡Sea norabuena!
(Voz): El gozar triunfante
la Silla suprema.
(Tropa): ¡Norabuena sea!
(Voz): Pues en la que sube,
lo ha de ser por fuerza.
(Tropa): ¡Sea norabuena!
¡Norabuena sea![154]

TERCERO NOCTURNO

Villancico VII

Cabeza

Fue la Asunción de María
de tan general contento,
que uno con otro elemento
la festejan a porfía.

Y haciendo dulce armonía,
el agua a la tierra enlaza,
el aire a la mar abraza,
y el fuego circunda al viento.

¡Ay qué contento,
que sube al Cielo María!
¡Ay qué alegría,
ay qué contento,
ay qué alegría!

---

[154] Aquí, el padre Méndez Plancarte no respeta la disposición de voces del original, que he restaurado para esta edición.

Coplas

(Entre dos, y responde la tropa)

(Voz 1): En dulce desasosiego,
    por salva a sus Pies Reales,
    dispara el Agua cristales,
    y tira bombas el Fuego;
    caja hace la Tierra, y luego
    forma clarines el Viento.
(Tropa): ¡Ay qué contento!
(Voz 2): Al subir la Reina hermosa,
    cubierta de grana fina
    descuella la Clavelina,
    y rompe el botón la Rosa;
    la Azucena melindrosa
    da al aire el ámbar que cría.
(Tropa): ¡Ay qué alegría!
(Voz 1): Las Aves con picos de oro
    saludan mejor Aurora,
    y una y otra voz sonora
    sale de uno y otro coro,
    cuyo acento no es, sonoro,
    de humano, imitado, acento.
(Tropa): ¡Ay qué contento!
(Voz 2): Pues ¿cómo serán aquellas
    fiestas, donde asisten graves
    Ángeles en lugar de Aves,
    y en vez de Rosas, Estrellas,
    a quien sus hermosas huellas
    han de pisar este día?
(Tropa): ¡Ay qué alegría!
(Voz 1): ¡Que nuestra Naturaleza
    al solio de más grandeza
    suba sobre el firmamento!
(Tropa): ¡Ay qué contento!

(Voz 2): ¡Que por gracia y hermosura,
pueda una pura Criatura
gozar tanta Monarquía!
(Tropa): ¡Ay qué alegría!
(Voz 1): Gócela siglos sin cuento.
(Tropa): ¡Ay qué contento!
(Voz 2): Pues la mereció María.
(Tropa): ¡Ay qué alegría!
¡Ay qué alegría! ¡Ay qué contento!

Villancico VIII. Ensalada

(En tono de jácara la Introducción, a dos voces)

(Voz 1): Yo perdí el papel, señores,
que a estudiar me dio el Maestro
de esta fiesta, porque yo
siempre la música pierdo.
(Voz 2): Pues no os dé ningún cuidado,
que otras cosas cantaremos;
que el punto propio es cantar,
aunque no es el punto mismo.
(Voz 1): ¿Pues qué podemos decir?
(Voz 2): Lo que dictare el cerebro,
cualquier cosa, y Dios delante,
pues delante lo tenemos.
Y haremos una Ensalada
de algunos picados versos,
más salada que una hueva
y más fresca que el invierno.
(Voz 1): Vaya, pues, y empiece usted.
En nombre de Dios, comienzo.
(Voz 2): Érase aquel valentón
que a Malco cortó en el Huerto
la oreja.

(Voz 1): ¡Cuerpo de tal!,
¿ahora sale con San Pedro,
que es día de la Asunción?
(Voz 2): ¿Pues qué viene a importar eso?
Al Tránsito de la Virgen,
donde todos concurrieron
los Apóstoles, ¿no estuvo,
entre todos asistiendo,
más presente que un regalo?
¿Pues qué importa que cantemos:
érase San Pedro, cuando
la Virgen se subió al Cielo?
(Voz 1): Nada importa; pero yo
quiero cantar, si me acuerdo,
una Letrilla en latín,
y que vendrá bien sospecho,
por un tono del Retiro:
con que vendrá a ser acierto,
pues se retira María,
que del Retiro cantemos.
(Voz 2): Vaya, pues, y no sea largo.
(Voz 1): No soy liberal de versos.

Coplas[155]

O Domina Speciosa,
  o Virgo prædicanda,
  o Mater veneranda,
  o Genitrix gloriosa,
  o Dominatrix orbis generosa![156]

---

[155] En adelante, sigo la traducción del padre Alonso Méndez Plancarte. Véase en Cruz, sor Juana Inés de la. 1952. *Obras completas de sor Juana Inés de la Cruz, II. Villancicos y Letras sacras.* México: FCE, p. 406.
[156] "¡Oh, Señora gloriosa,/ oh, Doncella laudable,/ oh, Madre venerable,/ oh, Engendradora hermosa,/ oh, Emperatriz del orbe generosa!"

Mœromen abstulisti
Mundi, quem honorasti;
Aspidem superasti;
Genitorem genuisti:
ideoque ómnium Regina dicta fuisti.[157]
Monilibus ornata
Regia cum maiestate,
et mira varietate
virtutum coronata,
super omnes es Cælos exaltata.[158]
Supplices te exoramus
ut preces nostras audias
miserrimosque exaudias;
te, Domina, rogamus,
et ad Matrem mitissimam clamatus.[159]

Prosigue la Introducción

(Voz 3): Bueno está el latín; mas yo
de la ensalada, os prometo
que lo que es deste bocado,
lo que soy yo, ayuno quedo.
Y para darme un hartazgo,
como un Negro camotero
quiero cantar, que al fin es
cosa que gusto y entiendo;
pero que han de ayudar todos.
(Tropa): Todos os lo prometemos.
(Voz 3): Pues a la mano de Dios,
y transfórmome en Guineo.

---

[157] "La tristeza expeliste/ de este mundo que honraste;/ al Áspid quebrantaste,/ a tu Padre a luz diste:/ Reina de todos aclamada fuiste."
[158] "¡De joyeles ornada/ con regia majestad,/ y en áurea variedad/ de dones coronada,/ sobre todos los Cielos exaltada!"
[159] "Implorantes rogamos/ que auxilies, Virgen suave,/ nuestra miseria grave:/ Señora te invocamos,/ ¡y a ti, Madre dulcísima, clamamos."

(Negro): *¡Oh Santa María,*
que a Dioso parió,
sin haber comadre
ni tené doló!
¡Rorro, rorro, rorro,
rorro, rorro, ro!
¡Qué cuaja, qué cuaja, qué cuaja,
qué cuaja te doy!
Espela, aún no suba,
que tu negro Antón
te guarra cuajala
branca como Sol.
¡Rorro, rorro, ro! &
Garvanza salara
Tostada ri doy,
que compló Cristina
máse de un tostón.
¡Rorro, rorro, ro! &
Camotita linda,
fresca requesón,
que a tus manos beya
parece el coló.
¡Rorro, rorro, ro! &
Mas ya que te va,
ruégale a mi Dios
que nos saque lible
de aquesta plisión.
¡Rorro, rorro, ro! &
Y que aquí vivamo
con tu bendició,
hasta que Dios quiera
que vamos con Dios.
¡Rorro, rorro, ro! &

Prosigue la Introducción

(Voz 3): *Pues que todos han cantado,*
yo de campiña me cierro:
que es decir, que de Vizcaya
me revisto. ¡Dicho y hecho!
Nadie el Vascuence murmure,
que juras a Dios eterno
que aquésta es la misma lengua
cortada de mis abuelos.
(Vizcaíno): Señora *André*[160] María,
¿por qué a los Cielos te vas
y en tu casa Aránzazu
no quieres estar?
¡Ay, que se va, *galdunái,*[161]
nerevici, gucico galdunái![162]
Juras a Dios, Virgen pura,
de aquí no te has de apartar;
que convenga, no convenga,
has de quedar.
¡*Galdunái*, ay, que se va,
nerevici, gucico galdunái!
Aquí en Vizcaya te quedas:
no te vas, *nere biotza;*[163]
y si te vas, vamos todos,
vagoás.[164]
Galdunái, &.

___

[160] "André": significa dama, señora, o mujer en lengua vasca. Esta y las siguientes palabras, véanse a Lafon, René. 1954. "Phrases et expressions basques dans un villancico de sor Juana Inés de la Cruz. *Bulletin hispanique*, 56 (1-2), p. 178-179.
[161] "Galdunai" significa: "Estoy perdido".
[162] "*nerevici, gucico galdunái*": significa "estoy perdido, para toda la vida estoy perdido".
[163] "nere biotza" significa "mi corazón".
[164] "Vagoás" significa "nos vamos".

Guasen, galanta, contigo;
guasen, nere lastaná:[165]
que el Cielo toda Vizcaya
has de entrar.
Galdunái, &.

---

[165] "Lastaná" significa "amada".

SONETO.

Alaba el numen poético del padre Francisco de Castro, de la Compañía de Jesús, en un poema heroico en que describe la aparición milagrosa de Nuestra Señora de Guadalupe de México, que pide la luz pública

La compuesta de flores maravilla,
divina protectora americana,
que a ser se pasa rosa mexicana,
apareciendo rosa de Castilla;

la que en vez del Dragón (de quien humilla
cerviz rebelde en Patmos), huella ufana,
hasta aquí inteligencia soberana,
de su pura grandeza pura silla;

ya el Cielo, que la copia misterioso,
segunda vez sus señas celestiales
en guarismos de flores claro suma:

pues no menos le dan traslado hermoso
las flores de tus versos sin iguales,
la maravilla de tu culta pluma.[166]

---

[166] Esta una versión modernizada, que surge a partir de la original, publicada en Cruz, sor Juana Inés de. 1690. *POEMAS DE LA VNICA POETISA AMERICANA, &c.*, pp. 20-21. Coincido con la versión canónica de Alonso Méndez Plancarte, al seguir la norma de uso de mayúsculas de este soneto clasificado con el número 206. Para una comparación, véase la versión de este en Cruz, sor Juana Inés de la. 2012. *Obras completas de sor Juana Inés de la Cruz, I. Lírica personal*. México: FCE, p. 338.

Aparición De la imagen de nuestra SS / Ð
guadalupe de México

Ilustración de la divina pintura de la Virgen María de Guadalupe, que aparece en el sayal de Juan Diego a instancia de esta, que se encuentra en *Imagen de la Virgen María madre de Dios*, un tratado mariano escrito por Miguel Sánchez y publicado en 1648.

SONETO.
A una pintura de Nuestra Señora, de muy excelente pincel

Si un pincel, aunque grande al fin humano,
pudo hacer tan bellísima pintura,
que aun vista perspicaz en vano apura
tus luces (o admirada, si no en vano),

el Autor de tu alma soberano,
proporcionando campo a más hechura,
¿qué gracia pintaría, qué hermosura?
El lienzo más capaz, mejor la mano.

¿Si estará ya en la esfera, luminoso
el pincel, de lucero gradüado,
porque te amaneció, divina aurora?

¡Y cómo que lo está! Pero, quejoso,
dice que ni aun la costa le han pagado:
que gastó en ti más luz que tiene ahora.[167]

---

[167] Esta una versión modernizada, que surge a partir de la versión original, publicada en Cruz, sor Juana Inés de. 1689. *FAMA, Y OBRAS POST-HVMAS, &c.*, pp. 163. No la canónica de Alonso Méndez Plancarte, en el sentido dado a algunas frases de este soneto clasificado con el número 208. Para una comparación, véase la versión de este en Cruz, sor Juana Inés de la. 2012. *Obras completas de sor Juana Inés de la Cruz, I. Lírica personal*. México: FCE, p. 339.

Ilustración de la portada de *Huei tlamahuiçoltica omonexiti in ilhuicac tlatóca Çihuapilli Santa María Totlaçònantzin Guadalupe, &c.* (1649) de fray Luis Lasso de la Vega, donde anota la historia de la aparición de la Virgen María a partir de fuentes indígenas.

VILLANCICOS.

En honor a María Santísima, madre de Dios, en su asunción triunfante, que se cantaron en la Santa Iglesia Metropolitana de México y se imprimieron el año de 1687[168]

PRIMERO NOCTURNO

Villancico I

Vengan a ver una apuesta,
¡vengan, vengan, vengan!,
que hacen por Cristo y María
el Cielo y la Tierra.
¡Vengan, vengan, vengan!

---

[168] Más que polémico, es absurdamente confuso lo que puede decirse de estos villancicos de 1687, porque fueron presentados y publicados, según Alonso Méndez Plancarte, en 1676; aunque no es verificable su existencia en la colección de Salvador Ugalde que el padre Méndez consultó antes de que fuera donados al Tecnológico de Monterrey en 1955. Nadie más la ha visto o referido desde entonces. No por este motivo, sino porque volvió a presentase e imprimirse en 1687 (según consta en la edición de *INVNDACION CASTALIDA*, &c. de 1689 y otras posteriores), que mantengo esta fecha. Sobre aquella información filológica, dada por el padre Méndez, véase a Cruz, sor Juana Inés de la. 1952. *Obras completas de sor Juana Inés de la Cruz, II. Villancicos y Letras sacras.* México: FCE, p. 355. Otros autores no dicen nada nuevo sobre la versión inicial y el mal estado de las siguientes. Por ejemplo, sobre este respecto, véase a Tenorio, Marta Lilia. 1999. *Los villancicos de sor Juana.* México: El Colegio de México, p. 54 y 58. O bien, lo que señalo en las siguientes notas de este apartado.

Coplas

El Cielo y la Tierra este día
   compiten entre los dos:
   ella, porque bajó Dios,
   y él porque sube María.
   Cada cual en su porfía,
   no hay modo en que se avengan.
¡Vengan, vengan, vengan!

Dice el Cielo: Yo he de dar
   posada de más placer,
   pues Dios vino a padecer,
   María sube a triunfar;
   y así es bien, que a su pesar
   mis fueros se me mantengan.
¡Vengan, &c.

La tierra dice: Recelo,
   que fue más bella la mía,
   pues el vientre de María
   es mucho mejor que el Cielo;
   y así es bien que en el Cielo y suelo
   por más dichosa me tengan.
¡Vengan, &c.

Injustas son tus querellas;
   pues, a coronar te inclinas,
   a Cristo con tus espinas,
   yo a María con estrellas;
   dice el Cielo; y las más bellas
   di, que sus sienes obtengan.
¡Vengan, &c.

La tierra dice: Pues más
   el mismo Cristo estimó

144

la carne que en mí tomó,
que la gloria que tú das;
y así no espere jamás,
que mis triunfos se retengan.
¡Vengan, &c.

Al fin vienen a cesar,
porque entre tanta alegría
pone, al subir, paz María;
como su hijo al bajar;
que en gloria tan singular
es bien todos se convengan.
¡Vengan, &c.

Villancico II[169]

Illa quæ Dominum Cœlli
gestasse in útero, digna,
& Verbum divinum, est
marabiliter enixa.[170]
Cuius ubera Puello
lac dedere benedicta
& vox conciliavit fomnum
Davidica dulcior lira.[171]
Quæ subictum habuit illium
materna sub disciplina

---

[169] De aquí en adelante, me valgo de la traducción del padre Alonso Méndez Plancarte, que puede encontrarse en el segundo tomo de sus obras completas, en la página 356.

[170] "La que del Cielo al Señor/ llevar mereció en su vientre,/ y al Verbo Divino a luz/ dio maravillosamente".

[171] "La que a sus pechos benditos/ dio al Pequeñuelo su leche,/ y lo arrulló cual la lira/ de David, más dulcemente".

Cœlli quam trementes horrent,
dum fulmina iratus vibrat.[172]
Cui virgineum pedem gaudet
Luna osculari submissa,
quæque Stellis coronatur
fulgore Solis amicta.[173]
Magna stipante caterva
ex Angelorum militia,
vitrix in Cœllum ascendit,
ubiper fæculla vivat.[174]
Custodes portarum timent,
ut ingrediatur Maria,
ne cardinibus evulsis,
totum Cœllum portat fiat.[175]
Ascendit cœlos, and cœlos
luce vistit peregrina,
atque deliciarum loco
ignotas infert delicias.[176]
Innixa super dilectum
Cœlestem Thalamum intrat,
ubi summam potestatem
habet a Deitate Trina.[177]
Ad dexteram Filij sedet,
& ut Cœllerum Regina
tota coronatur gloria,

[172] "La que en filial sumisión/ tuvo al que rayos ardientes/ vibra airado, ante Quien trémulos/ los cielos se empavorecen."
[173] Aquella cuyo virgíneo/ pie la Luna besa alegre;/ la que luceros coronan,/ la que al Sol viste fulgente."
[174] "Ya en angélica milicia/ que a verla se agolpa, asciende/ vencedora al Cielo, en donde/ por los siglos viva y reine."
[175] "Los guardianes de sus puertas/ recelan que, para que entre,/ puerta se haga el Cielo todo,/ desquiciado de sus ejes."
[176] "Sube al Cielo, pues, y al Cielo/ en luz peregrina envuelve;/ y al lugar de las delicias,/ ignotas delicias mete."
[177] "Ya en su amado reclinada/ entra al Tálamo Celeste,/ donde el sumo poderío/ la Trina Deidad le ofrece."

& gloriam coronat ipsa.[178]
Vident superi ascendentem,
& admiratium adinstar,
adinstar concelebratium
alterna quærunt lætitia.[179]

Estribillo

Quæ est ista? Quæ est ista?
Quæ de deserto ascendit ficut virga,
Stellis, Solis, Luna pulchrior Maria?[180]

---

[178] "Reina de los cielos, trono/ de su hijo a la diestra tiene;/ toda la gloria diadémala,/ porque de Ella se diademe."
[179] "Los de arriba la contemplan/ subir, y alternadamente/ se preguntan y responden,/ con pasmo y júbilo ardientes."
[180] "¿Quién es Ésta? ¿Quién es?/ ¡Oh, quién sería,/ que del Desierto asciende,/ Vara de Incienso y Mirra,/ más hermosa que Estrellas,/ Sol, y Luna? ¡María!"

Villancico III[181]

La soberana Doctora
de las escuelas divinas,
de quien los ángeles todos
desprenden sabiduría;
por ser quien inteligencia
mejor de Dios participa,
a leer la suprema, sube,
cátedra de teología;
por primacía de las ciencias
es justo, que esté aplaudida,
quien de todas las criaturas
se llevó la primacía.
Ninguno de *charitate*
estudió con más fatiga,

---

[181] A partir de aquí, la versión del padre Méndez de 1676 difiere de la de 1687. Por este motivo, esta versión sigue parcialmente a ambas, por tres motivos: primero, porque incluyo textos que una y otra edición no toman en cuenta; segundo, porque no quiero desestimar las correcciones del padre Méndez al desorden que presentan las primeras ediciones; y tercero, porque hago correcciones adicionales a las que hizo el padre Méndez para adecuarla al uso del español de hoy. Para leer la primera versión expurgada por el padre Méndez, véase a Cruz, sor Juana Inés de. 1952. *Obras completas de sor Juana Inés de la Cruz, II. Villancicos y Letras sacras*. México: FCE, pp. 3-17. Para leer desde original de la autora, véase a Cruz, sor Juana Inés de. 1689. *INVNDACION CASTALIDA*, &c., pp. 259-276. O bien, cualquiera de las ediciones posteriores de este libro con el título de *POEMAS DE LA VNICA POETISA AMERICANA*, &c., porque no tienen ninguna diferencia, a pesar de las siguientes leyendas: "Segunda edición, corregida, y añadida por su autora" (1690) y "Tercera edición, corregida, y añadida por su autora" (1692); a pesar de los errores flagrantes, por obvios, de su secuencia numérica. Más allá de lo que he dicho y diré en las siguientes notas, preservo la fecha de su última publicación a la vista de la autora, porque da un paréntesis de once años que el inicio y el fin de una reflexión astronómica ligada a su veneración de la Virgen María, tan cercano a la escritura de *Primero sueño*.

y la materia de *gratia*
supo, antes de nacida;
después la de *Incarnatione*
pudo estudiar en sí misma,
con que en la de *Trinitate*
alcanzó mayor noticia.
Los soberanos cursantes,
que las letras ejercitan,
y de la sagrada ciencia
los secretos investigan,
con los espíritus puros,
que el eterno folio habitan,
inteligencias sutiles,
Ciencia de Dios se apellidan.
Todos la botan iguales,
y con amantes caricias,
le celebran la victoria,
y el triunfo le solemnizan.

Estribillo

Y con alegres voces de aclamación festiva,
hinchen las raridades del aire de alegrías,
y sólo se percibe en la confusa grita:
¡Vitor, vitor, vitor, María,
a pesar del infierno, y de su envidia!
¡Vitor, vitor, vitor, María!

SEGUNDO NOCTURNO[182]

Villancico IV

¡Silencio, atención,
que canta María!
¡Escuchen, atiendan,
que a su voz divina
los vientos se paran,
y el Cielo se inclina!
¡Silencio, &c.

Coplas

Hoy, la maestra divina
de la capilla suprema,
hace ostentación lucida,
de su sin igual destreza.
Desde el *ut* del *Ecce ancilla*,
por ser el más bajo empieza,
y subiendo más que el *Sol*,
al *la* de *exaltata* llega.
Propiedad es de *natura*,
que entre Dios y el hombre *me día*
y del Cielo el *b cuadrado*
junta al *bemol* de la tierra.
B fami, que juntando
diversas naturalezas

---

[182] Este apartado estaba intitulado originalmente como "TERCERO NOCTURNO" en la edición de 1689 y posteriores, aunque le precedían dos apartados más: "SEGUNDO NOCTURNO" y "NOCTURNO III"; siendo esto una muestra del desorden, traspapele, o descuido de sor Juana o de los editores de su primera, segunda y tercera edición; o simplemente un reordenamiento para una edición final que no llegó a realizarse.

unió el *mi* de la divina,
al bajo *fa* de la nuestra.
En especies musicales
tiene tanta inteligencia
que al *contrapunto* de Dios,
dio en ella la más perfecta.
No al *compacillo* del mundo
errado, la voz *fughetta*,
sino a la proporción alta
del compás ternario atenta.
Las cantatrices antiguas
(las Iudiques, las Rebecas),
figuras mínimas son,
que esta máxima nos muestra.
Dividir las *cismas* sabe
en tal *cantidad*, que en ella
no hay *semitono* incantable,
porque ninguno disuena.
Y así, del género halló
armónico la cadencia,
que por estar destemplada
perdió la Naturaleza.
Si del mundo el *frigio* modo
de Dios la cólera altera
blandamente con el *dorio*,
las divinas iras templa.
Música mejor que Orfeo
(como Idelfonso exagera),
hoy suspendió del abismo
las infatigables penas.
Por los signos de los astros,
la voz entonada suena,
y los angélicos coros
el *contrabajo* le llevan.
La iglesia también festiva
de acompañar se precia,

y con sonoras *octavas*
el sagrado son aumenta.
Con *cláusula* pues *final*
sube a la mayor alteza
a gozar de la Tritona
las consonancias eternas.

Villancico V

Aquella zagala
del mirar sereno,
hechizo del soto
y envidia del Cielo.
La que al mayoral,
de la cumbre excelso,
hirió con un ojo,
prendió en un cabello.
A quien su querido
fue mirra en un tiempo,
dándole morada
sus cándidos pechos.
La que rico adorno
tiene por aseo,
cedrina la casa,
y florido el lecho.
La que se alababa,
que el color moreno
se lo iluminaron
los rayos febeos.
La quien su Esposo,
con galán desvelo,
pasaba los valles,
saltaba los cerros.

La del hablar dulce,
cuyos labios bellos
destilan panales
leche y miel, vertiendo.
La que preguntaba,
con amante anhelo,
donde de su Esposo
pacen los corderos.
A quien su querido
liberal, y tierno
del Líbano, llama
con dulces requiebros.
Por gozar los brazos
de su amante dueño,
trueca el valle humilde
por el monte excelso.
Los pastores sacros
del Olimpo eterno,
la gala le cantan
con dulces acentos.
Pero los del valle,
su fuga siguiendo,
dicen presurosos
en confusos ecos:

Estribillo

¡Al monte, al monte, a la cumbre;
corred, volad, zagales,
que se nos va María por los aires!
¡Corred, corred, volad aprisa, aprisa,
que nos lleva robadas las almas, y las vidas;
y cuando en sí misma nuestra riqueza
nos deja sin tesoros la aldëa!

¡Al monte, &c.

Villancico VI. *Jácara*

Estribillo

¡Aparten! ¿Cómo, a quien digo?
¡Fuera, fuera! ¡Plaza, plaza,
que va la jacarandina!
¿Cómo que no, sino al Alba?
¡Vaya de jácara, vaya, vaya,
que si corre María con leves plantas
un corrido es lo mismo que una jácara!

Coplas

Allá va, fuera que sale
    la valiente de aventuras,
    deshacedora de tuertos,
    destrozadora de injurias.
Lleva de rayos del Sol
    resplandeciente armadura
    de las estrellas, y el yelmo
    los botines de la luna.
En un escudo luciente,
    con que al infierno deslumbra,
    un mote con letras de oro,
    en que dice: "*Tota pulchra*".
La celebrada de hermosa,
    y temida por sañuda,
    Bradamante en valentía,
    angélica en hermosura.
La que si desprende el aire

154

la siempre madeja rubia,
tantos Roldantes la cercan
cuantos cabellos la inundan. [183]
La que deshizo el encanto
de aquella serpiente astuta,
que con un conjuro a todos
nos puso servil coyunda.
La que venga los agravios,
y anula leyes injustas,
asilo de los pupilos,
y amparo de las viudas.
La que liberó los presos
de la cárcel, donde nunca,
a no intervenir su aliento,
esperaran la soltura.
La de quien tiembla el infierno,
si su nombre se pronuncia,
y dicen que las vigilias
los mismos reyes le ayunan.
La que nos parió un león,
con cuya rugiente furia
al Dragón encantador
puso en vergonzosa fuga.
La más bizarra guerrera
que, entre la alentada turba,
sirviendo al Imperio Sacro
mereció corona augusta.
La paladina famosa
que, con esfuerzo e industria,
conquistó la Tierra Santa,
donde para siempre triunfa.

---

[183] Este apartado, no cabe duda, está fuertemente influenciado por los tópicos de los libros de caballerías; en especial la leyenda artúrica que, de manera cómica, trata Cervantes en las dos partes de *Don Quijote de la Mancha* (1615), a pesar del tratamiento serio de Roldán, héroe a quien parodia, de la novela *Orlando furioso* (1516) de Ludovico Ariosto.

Ésta, pues, que a puntapiés
  no hay demonio que la sufra,
  pues en mirando sus plantas
  le vuelve las herraduras.
Coronada de blasones
  y de hazañas que la ilustran,
  por no caber ya en la tierra
  del mundo se nos azuza.
Y andante de las esferas,
  en una nueva aventura,
  halla el tesoro escondido
  que tantos andantes buscan.
Donde con cierta virtud,
  que la favorece oculta,
  de vivir eternamente
  tiene manera segura.
Vaya muy en hora buena,
  que será cosa muy justa,
  que no muera como todas,
  quien vivió como ninguna.

TERCERO NOCTURNO

Villancico VII.

Estribillo

La retórica nueva
  escuchad, cursantes,
  que con su vista sola persüade,
  y en su mirar luciente

tiene cifrado todo lo elocuente,
pues robando de todos las atenciones,
con Demóstenes mira y Cicerones.

Coplas. *Quintillas*

Para quien quisiere oír
o aprender a bien hablar,
y lo quiere conseguir,
María sabe enseñar
el *arte del bien decir.*
En enseñar ejercita
la dulzura de su voz
que a tiempos no se limita;
que como su asunto es Dios,
siempre es *cuestión infinita.*
Su exordio fue Concepción
libre de la infausta suerte;
su Vida la narración,
la confirmación su muerte,
su epílogo la Asunción.
De persuadir la eminencia
lo judicial lo pregona,
pues rendido a su *elocuencia*
el Juez Eterno, perdona
cuando lo mueve a clemencia.
Retórica se acredita
con todos los que la ven,
y a deprender los incita;
mas ¿qué mucho diga bien
quien en todo fue Bendita?
Hace de su perfección
al silogismo galante
segura proposición,
y con su Asunción triunfante

va a la eterna complexión.
Si a los *tropos* la acomodo,
ha ejercitado en el arte
la *sinécdoque*, de modo
que eligió la mejor *parte*
y la tomó por el *Todo*.
Como Reina, es bien acete
la antonomasia sagrada
que como a tal le compete;
y hoy, al Cielo trasladada,
la metáfora comete.
Siendo Virgen, ha nacido
el Verbo, de ella humanado:
énfasis tan escondido
y enigma tan intrincado,
que sólo Dios lo ha entendido.
Sus figuras peregrinas
son las antiguas mejores
que las figuras divinas;
que en *retóricas flores*
nunca se hallaron espinas.
Tan lacónica introduce
la persuasión, que acomoda
cuando elegante más luce,
que su *Retórica* toda
a sólo un *Verbo* reduce.
En fin, por ser su *oración*
en todo tan singular,
hoy con muy justa razón
al Cielo sube a gozar
la eterna *colocación*.[184]

---

[184] Éste, el villancico VII, quizá fue eliminado por sor Juana después de
su primera publicación en 1676, ya que no aparece en ninguna de las
ediciones de sus libros a partir de 1689.

Villancico VIII

Ensaladilla. Jura.

Introducción

A la aclamación festiva
de la jura de su Reina,
se sentó la plebe humana,
con la angélica nobleza.
Y como Reina es de todos,
su coronación celebran
y con majestad de voces
dicen en canciones regias:

Coplas. Reina.

Ángeles, y hombres, Señora,
os juramos como veis,
a que vos os obliguéis
a ser nuestra protectora.
Y os hacemos homenaje
de las vidas; y así vos
guardad los fueros, que Dios
le dio al humano linaje.
Vos habéis de mantenernos
en paz, y justicia igual,
y del contrario infernal
con aliento defendernos.
Con esto, con reverencia,
conformes en varios modos,
por los evangelios todos,
os juramos la obediencia.

Prosigue la Introducción

No faltó en tanta grandeza,
donde nada es bien que falte,
quien con donaires y chistes
tanta gloria festejase.
Porque dos Negros, al ver
misterios tan admirables,
Heráclito uno, la llora;
Demócrito otro, la aplaude.[185]

Negrillos

¡Al monte, al monte, al monte,
que la reina se nos va!
¡Vengan, vengan, vengan,
que non blanca como tú!
¡Nin paño, que no sa buena,
que eya dici: So molena,
con las Sole que mirá![186]

(Voz 1): Cantemo, Pilico,
que se va las Reina,
y dalemu turo
una noche buena.

---

[185] Aunque no se ponga en duda la procedencia de este texto, del cual sólo es testigo el padre Méndez, me parece poco creíble que sor Juana lo escribiera antes de 1684, debido a que a partir de ese año circula el célebre *Heráclito defendido* del padre Antonio Vieyra, que compara la postura filosófica de Heráclito y Demócrito (tal y como lo hará sor Juana en un romance filosófico y amoroso: Acusa la hidropesía de mucha ciencia, que teme inútil aun para saber, y nociva para vivir"); aunque aquel escrito se gestó en 1674, dos años antes de la publicación del villancico apócrifo.

[186] Dejo este texto que aparece en su edición de 1689, aunque queda fuera de la versión del padre Méndez.

(Voz 2): Iguale yolale,
Flacico, de pena,
que nos dexa ascula
a turo las negla.
(Voz 1): Si la Cielo va,
y Dioso la lleva.
¿pala qué yolá,
si eya sa cuntenta?
Sará muy galana,
vitira ri tela,
milando la Sole,
pisando la Streya.
(Voz 2): Déjame yolá,
Flacico, pol eya,
que se va, y nosotlo
la oblaje nos deja.
(Voz 1): Caya, que sa siempre
milamo la iglesia,
mila la pañola,
que se quela plieta.
(Voz 2): Bien dici Flacico:
tura sa suspensa,
si tú quiele demo
una cantaleta.
(Voz 1): ¡Noble de mi Dioso,
que sa cosa buena!
Aola, Pilico,
que nos mila atenta:

Estribillo

¡Ah, ah, ah,
que la Reina se nos va!
¡Uh, uh,uh,
que non blanca como tú,

nin Pañó que no sa buena,
que cya dici: So molena
con las Sole que mirá!
¡Ah, ah, ah,
que la Reina se nos va!

Prosigue la introducción

Los mexicanos alegres
también a su usanza salen,
que en quien campa la lealtad
bien es que el aplauso campe.
Y con las cláusulas tiernas
del mexicano lenguaje
en un tocotín sonoro,
dicen con voces suaves:

Tocotín[187]

Tla ya timohuica
totlazo Zuapili,
maca ammo, Tonantzin,
titechmoilcahíliz.[188]

Ma nel in Ilhuícac
huel timopaquítiz,
¿amo nozo quenman
timotlal namictiz?[189]

---

[187] Las traducciones que presento a continuación, siguen la versión del padre Méndez, aunque éste, a su vez, sigue la versión libre de Ángel María Garibay.

[188] "Amada Señora,/ si te vas y tristes/ nos dejas, ¡oh, Madre,/ no allá nos olvides!"

[189] "Por mucho que el Cielo,/ ya te regocijé,/ ¿no te acordarás/ de quienes aún gimen?

In moayolque mochtin
hnel motilinizque;
tlaca amo tehuatzin
ticmomatlaníliz.[190]

Ca miztlacamati
motlazo Pilzintli,
mac tel, in tepampa
xicmotlatlautili.[191]

Tlaca ammo quinequi,
xicmoilnamiquili
ca monacayotzin
oticmomaquiti.[192]
Mochichihualayo
oquimomitili,
tla motemictía
thuan Tetepitzin.[193]
Ma mopampantzinco
in moayolcatintin,
in itla pohpoltin,
tictomacehuizque.[194]
Totlatlácol mochtin
tiololquitizque,
Ilhuicac tiazque,

---

[190] "Todos tus devotos/ allá han de subirse,/ o tú has de subirnos/ con tu mano, ¡oh, Virgen!"
[191] "Pues agradecido/ tu amado Hijo vive/ contigo, por todos,/ ¡oh, Madre, suplícale!"
[192] "Y si El no quisiere,/ recuérdale y dile/ que tu tierna carne/ virginal le diste."
[193] "Que bebió la leche/ con que lo nutriste,/ y que —pequeñito—/ su sueño meciste."
[194] "Tus pobres devotos/ seremos, felices,/ por tu mediación/ dignos de servirte."

timitzittalizque[195]
in campa cemícac
timonemitíliz
cemícac mochíhuaz
in monahuatiltzin.[196]

L A V S   D E O.

[195] "Y echando a rodar/ nuestras culpas tristes,/ iremos al Cielo./ ¡Verémoste, oh, Virgen,"
[196] "donde para siempre/ Tú reinas y vives,/ donde tu mandato/ siempre ha de cumplirse!"

SEMBLANZA DE LA AUTORA
(POR ELLA MISMA)

Sor Juana Inés de la Cruz, 1673[197]

Este, que ves, engaño colorido, que del arte ostentando los primores, con falsos silogismos de colores es cauteloso engaño del sentido; este en quien la lisonja ha pretendido excusar de los años los horrores y, venciendo del tiempo los rigores, triunfar de la vejez y del olvido, es un vano artificio del cuidado, es una flor al viento delicada, es un resguardo inútil para el hado: es una necia diligencia errada, es un afán caduco y, bien mirado, es cadáver, es polvo, es sombra, es nada.[198]

---

[197] Retrato de la vera efigie de sor Juana, en el que sostiene un medallón o escudo con la imagen de Nuestra Señora de la Asunción, con los apóstoles a sus cuatro costados.

[198] Aunque este texto ha perdido sus pausas versales, no deja de ser un

---

soneto que sor Juana escribió con motivo del cuadro o los cuadros donde fue retratada. El paratexto que acompaña a estos versos es claro en su propósito: "Procura desmentir los elogios que a un retrato de la poetisa inscribió la verdad, que llama pasión".

SEMBLANZA
DEL ANTOLOGADOR
(POR ÉL MISMO)

Éste, a quien leéis o escucháis airado, aquí se muestra enca-
denado para, de sí y de otros, distinguirse; tal y como se es-
pera de un hechizado espejo, y en esta hoja se describe:
como un doctísimo bardo de crispada, pero clara y menuda
frente, de donde resurge la siembra y la cosecha de sus
ideas; de cabello negro y lacio, aunque escaso, y de barba
jaspeada y rala, aunque tupida, que todavía no sucumbe a
los espantos de la nieve; de negros, grandes, y redondos
ojos, ¡el carcaj de las miradas!, que lanza desde el doble
arco de sus cejas y pestañas; de nariz piramidal, y de me-
nuda sombra, aunque sensible a la seducción de los vanos
olores; de orejas no pequeñas ni modestas, sino de espiral
dispuesta, donde resbalan susurrantes las músicas esferas;

de boca amplia y discreta, aunque elocuente, de la que presume de haber comido o besado el cielo, la mar, y la tierra; de lengua pulcra y providente, aunque rijosa, con la que ataca o se defiende del mal gusto de las gentes; y de manos grandes, delgadas, y oficiosas, con las cuales de *vis-à-vis* conversa cuando entrega la diestra a su escritura y, a su lectura, la siniestra. Este es, y no otro, pues, el autor de *Imagen sucesiva*, y de *El libro invisible*, y de *Sobre la arena del desierto*, y fue él también quien hizo *La vuelta a la mesa en ochenta libros* a imitación de Alfonso Reyes (más que de Julio Verne), entre otras velludas cabras de su variopinto rebaño; y, también, el pastor de los rebaños de otros autores, fingidos doce (más uno adicional, suplente de Judas). Llámese comúnmente con el nombre y apellido que ha dispuesto en sus libros, sin referir al título
de su docta ignorancia:
Omar de la Cadena y Aragón.

La primera edición de *Primero sueño, y otros poemas astéricos*, se terminó de editar el 28 de septiembre de 2025 en los talleres de SERPIENTE EMPLUMADA ~Editorial~, en Hermosillo, Sonora, México, como una edición impresa.

Made in the USA
Middletown, DE
18 October 2025

19460567R00116